Jürgen M. Reupricht

Der Zauberer von Agadir

THOMAS HELMS VERLAG

Bibliografische Informationen der Deutschen Bibliothek
Die Deutsche Bibliothek verzeichnet diese Publikation in der Deutschen Nationalbibliografie; detaillierte bibliografische Daten sind im Internet über *http://dnb.ddb.de* abrufbar.

Wallstraße 46, D-19053 Schwerin
0385TEL564272 0385FAX564273
thv@thv.de
www.thv.de

Gesamtherstellung: THV, Schwerin

ISBN 978-3-935749-91-6

Inhalt

Nächtlicher Blick von der Kasbah auf Agadir

Der Zauberer von Agadir

Die sanfte abendliche Brise vom Atlantik her hatte die Hitze aus der Stadt vertrieben. Weithin vernahm man das dumpfe Rauschen des Meeres. Ansonsten war es still in der kurzen, von fast kugelförmigen Orangenbäumen bestandenen Verbindungsstraße, die lichterbestandene, die in den breiten, vierspurigen Boulevard Mohammed V. mündete und deren Trasse in weichen Bögen über die Hügel der Stadt hinab zum Hafen führte, wo um diese Zeit die Fischerboote, im Takte der Wellen nickend, zu schlafen schienen.
Auf dem erhöhten Mittelstreifen jener gänzlich unbelebten Kreuzung vor der Kulisse einer wie versunken anmutenden McDonalds-Filiale stand ein junger Verkehrspolizist. Seine Füße steckten in blitzblanken schwarzen Slippern. Tadellos, als hätte ein teurer Schneider Maß genommen, war der Sitz seiner blauschwarzen Uniform. Darüber trug er eine graue reflektierende Weste mit zweisprachiger Aufschrift »police«, weiße knapp geschnittene Armstulpen und auf dem Kopf eine weiße steife Schirmmütze, die seine Stirn verdeckte. Auf seiner linken Brust befand sich ein stummes Funksprechgerät und eng am Gesäß ein schwarzes Futteral. Kein Gedanke daran, dass der Mann eine Waffe trug. An seinem Koppel war mittels einer Schlaufe ein Stab befestigt als Bestandteil der Ausrüstung, um den Verkehr zu regeln. Er hing da nicht, er baumelte auch nicht an der Hüfte. Alles war wie aus einem Guss.
Das Schweigen der Nacht tränkte die Stadt mit neuer Kraft. Zärtlich kitzelte der Wind Blüten und Blätter der üppigen Hibiscushecke, auf deren Mauer-

einfassung ich nun saß. Nichts passierte. Mit wehendem Kaftan knatterte schließlich ein Mopedfahrer vorbei. Ohne Licht. Dann brauste ein Transporter heran, augenscheinlich viel zu schnell. Ihm folgte klappernd in größer werdendem Abstand ein asthmatischer Lastwagen, dessen linker Scheinwerfer blind war. Unbeirrt, ohne auch nur Gas wegzunehmen, setzten sie ihren Weg fort, als hätten sie den marokkanischen Ordnungshüter gar nicht wahrgenommen. Dieser hingegen schien sich für sie auch nicht sonderlich zu interessieren. Er stand auf seiner Kreuzung, ohne hektisch am Funkgerät zu hantieren oder gebieterisch seinen Stab zu schwenken. Er trat auch nicht von einem Fuß auf den anderen oder zog gelangweilt kleine Kreise. Eine rätselhafte Ruhe ging von ihm aus. Als eine Gruppe von Studenten auf ihrem Weg zum Imbisstempel oder zur Sporthalle die vierspurige Piste überquerte, begrüßte ihn einer freundschaftlich mit einer Umarmung. Es freute ihn, einen Freund getroffen zu haben. Dann war er wieder mutterseelenallein auf seinem Posten. »... und durch die Stille braust das Meer, eintönig um die Stadt.« Ich musste an Theodor Storm denken.

Plötzlich näherte sich aus beiden Richtungen ein Pulk von Autoscheinwerfern, wohl freigegeben vom Rhythmus nicht einsehbarer ferner Ampeln. Es war, als begänne die Regenzeit, die lawinenartig die bis dahin schotterbedeckten und nur von Pfützen befeuchteten trockenen Flusstäler überquellend mit Wasser füllt. Sofort wurde mir klar, weshalb mein Polizist hier an dieser unbedeutend scheinenden Einmündung stand, denn aus der kurzen Nebenstraße wälzte sich im selben Moment, als hätte man sich verabredet, eine Horde von Linksabbiegern, Rechtsabbiegern und Geradeausfahrern in Richtung Hauptstraße. Dies sehend, verließ der Verkehrspolizist mit nur einem Schritt seinen erhöhten Mittelstreifen und trat den Autos entgegen. In Sekundenschnelle war die bislang so friedliche Kreuzung verstopft. Die Fahrzeuge schoben sich millimetergenau ineinander wie Teile eines Puzzlespiels, fuhren ihm dabei beinahe über die Füße. Was dann folgte, entzog sich meiner Wahrnehmung. Drei kurze Stöße in seine Trillerpfeife und unmerkliche Bewegungen seiner Finger, ohne die Arme vom Körper zu lösen, und wie von Zauberhand löste sich die wüste Verknäulung auf.

Der auflandige Wind hatte nachgelassen und trug kein Tosen mehr vom Strand herüber. Deutlich hörte man nun das Schwatzen und Brummeln aus dem nahegelegenen McDonald's. Durch das Gestrüpp der duftenden Hecke zwängte sich mauzend eine magere rotbunte Katze und rieb heftig aber verunsichert ihren Kopf an meinem Bein. Um sie nicht zu verscheuchen, vermied ich es, sie direkt anzusehen und hastige Bewegungen zu machen und sprach mit ihr. »Gute Miez, na was ist denn, ja, Kätzchen, komm mal her.« Im Augenwinkel beobachtete ich, wie der Polizist uneilig und elegant zur einen oder anderen Straßenseite wechselte. Die Katze schnurrte, legte sich auf den Rücken und ließ mich ihren Bauch streicheln. »Kleine Marokko-Miez, ich hab auch eine Katze zu Hause, die schwarze Püppi.« säuselte ich. Da stand er vor mir. »Bist Du noch nicht müde?« fragte er in rollendem Englisch, denn er hatte sehr wohl bemerkt, dass ich ihn seit zwei Stunden fasziniert begaffte.

»Palastkater«

Die Katze wutschte erschrocken hinter die schützende Hecke des alten königlichen Palast, wo sie wohl ihr Auskommen hatte. Sie lugte durch die Zweige und kam sehr bald zurück, denn Katzen haben ein untrügliches Gespür für gute Menschen. Ich und müde? Wir machten uns miteinander bekannt. Er hatte dunkle, schlanke Hände. Sein Name war Barkouch. Jetzt erst konnte ich sein Gesicht sehen. Es war fein und edel geschnitten. Sein sinnlicher Mund verriet mir, dass er mit einem Lächeln geboren worden sein musste, denn diese warmen braunen Augen kannten keinen Zorn. Verlegen hob er seine Dienstmütze, stülpte sie wieder über sein kurzgeschnittenes pechschwarzes Kraushaar und marschierte mit einem unnachahmlichen zähneblitzenden Lächeln zurück auf seinen Mittelstreifenposten. Das Sprechfunkgerät krächzte, ein orangefarbenes Renault-Taxi nahte. Nur ein Fingerzeig von ihm, und der Wagen stoppte. Offenbar überfüllt, einer muss aussteigen. Aus dem Fond quoll eine ältere dicke Frau. Gut anzusehen. Sie zerrte eine Unzahl an Beuteln und Taschen vom Rücksitz auf den Bürgersteig, während er die Papiere des Fahrers überprüfte. Zeitgleich erreichte auf der Gegenspur der Lieferwagen eines Handwerkers die Kreuzung und hielt an, wie von Geisterhand gebremst. Eigentlich nur von einem lässig ihm zugewandten Blick. Das Taxi war abgefertigt, die Papiere des Handwerkers überprüft. Dennoch schienen beide Fahrzeuge geduldig zu warten. Barkouch stand auf seiner Kreuzung und für

ihn schien alles erledigt. Irgendwann stopfte die dicke Frau ihr umfangreiches Gepäck wieder hinten ins Taxi und man setzte die Fahrt fort. Der Handwerker lenkte seinen Lieferwagen sachte auf den Parkplatz vom McDonald's-Restaurant, schloss ihn ab und ging zu Fuß nach Hause. Mich aber trieb die Neugier zu Barkouch, der unbeirrt und unerschütterlich auf seiner Kreuzung stand, um zu erfahren, was passiert war. Noch während wir miteinander sprachen in einem Kauderwelsch aus Französisch und Englisch braute sich abermals ein Verkehrschaos zusammen. Wieder schoben sich die Autos zusammen zu einer Patchwork-Decke, zu einem unentwirrbaren gordischen Knoten. Doch ohne unser Gespräch zu unterbrechen und das Gesicht abzuwenden, trat er seitwärts gehend auf die Straße, blies dreimal kurz in seine Trillerpfeife. Nichts, aber auch gar nichts, bewegte sich an seinem Körper, außer den Fingern vielleicht. Im selben Augenblick war die Kreuzung frei.
Begriffen habe ich nichts. Verstanden wohl, dass man im Leben alles Übel einfach durchwinken sollte. Das hat mich ein Verkehrspolizist gelehrt. Smail Barkouch, der Zauberer von Agadir.

Seeräuberjenny auf der Kasbah

»Und ein Schiiiiiiff mit acht Segeln und mit fünfzig Kanooonen ...« sang ich laut in die laue Nacht und stand dabei mit ausgebreiteten Armen auf der Mauer der hoch über der Stadt thronenden Kasbah[1] von Agadir. Smail applaudierte kopfschüttelnd. Wir waren allein.
»Es war bestimmt kein Segelboot, mit dem Euer Kaiser Wilhelm II. damals 1905 in Tanger anlandete, um über deutsche Kolonialansprüche zu verhandeln«, sagte er und fuhr fort: »Doch dem Sultan Aziz lief alles aus dem Ruder. Weder konnte er sich den kolonialen Ansprüchen Frankreichs und Spaniens widersetzen, noch wurde er der wachsenden inneren Unruhen Herr, so dass man ihm Verrat vorwarf und ihn zum Abdanken zwang. Seinem Bruder und Nachfolger Hafid war ein gleiches Schicksal beschieden und er übergab nach kurzer Regentschaft an seinen Bruder Jussef. Noch zu Hafids Zeiten zeigte Deutschland abermals Präsenz und ließ 1911 das Kanonenboot ›Panther‹ in Agadir vor Anker gehen. Aber Kaiser Wilhelm blieb außen vor, war sein Land doch aufgrund der im Vergleich zu den Großmächten viel zu spät betriebenen und zu lange von der Kleinstaaterei behinderten, kapitalistischen Entwicklung ein kolonialer Spätzünder. Nur ein paar Gebietsabtretungen in Zentralafrika sprangen für ihn dabei heraus. Ansonsten musste er in Marokko das Feld räumen. Dennoch lobte er den ›Panthersprung‹ nach Agadir.«
Bevor er zur Polizei ging, hatte Smail in Rabat Jura und Geschichte studiert. Ich war verblüfft und überlegte, ob deutschen Schülern die Reiserouten ihres Kaisers bekannt waren, mal ganz zu schweigen von denen anderer Monarchen.

[1] Kasbah = Festung

»Wüstenschiffe« am Strand von Agadir

Fürsorglich zog er mich von der bröckeligen Mauer und suchte einen sicheren Platz, wo wir es uns bequem machten und die Beine ins Leere baumeln ließen. Es war fast windstill. Mehrere hundert Meter unter uns ruhte der Hafen. Fast neun Monate hätten die großen Fischerboote an der Kette gelegen, vermutlich wegen der Fangquoten, berichtete er. Fisch sei knapp und relativ teuer. Deshalb habe die Bürgermeisterin von Essaouira, eine sehr couragierte junge Frau aus angesehenem Hause, die Forderung erhoben, einen größeren Teil der Fänge zurückzuhalten, um ihn der Bevölkerung zu erschwinglichen Preisen anzubieten.

Im Mondschatten der Festung vor der sanft gezackten Silhouette des Atlasgebirges, aus dessen Tiefe vereinzelt die Lichtpünktchen kleiner Dörfer herüberblinkten, senkte sich allmählich das auf ewig unbebaut bleibende Gelände der alten Stadt, die 1960 durch ein Erdbeben völlig zerstört worden war, wobei mehr als 15.000 Menschen den Tod fanden. Unterhalb dieses traurigen Ortes glitzerte das neue Agadir wie eine geöffnete Schmuckschatulle. »Sieh nur«, sagte ich zu meinem Freund, »lauter goldene Ketten, Brillanten, Smaragde und Rubine.« – »Die ganz kleinen Rubine sind die Verkehrsampeln«, antwortete er und wir schlugen die Hände gegeneinander und lachten. Der Mond lachte mit uns. Einem kostbaren rotgoldenen ziselierten Teller gleich leuchtete er am nächtlichen Himmel. Der aufkommende leichte Wind schien ihn mit zarten Wolkenbällchen putzen zu wollen.

»Mein Vater kann sich noch gut erinnern an die Zeit vor der Unabhängigkeit von 1956«, erzählte Smail. »Mit der Hilfe des Paschas von Marakech betrieben die Franzosen 1953 die Absetzung des Sultans Sidi Mohammed ben Jussef und verbannten ihn nach Korsika und Madagaskar, weil er die immer stärker werdende Nationalbewegung unterstützte. Doch die Unruhen im Lande wurden immer größer, so dass sie ihn zwei Jahre später zurückholten und er

Freunde: Smail und Jürgen an den Kippen vor Taghazovt

als Mohammed V. auf den Thron zurückkehrte. Er ist der Großvater unseres Königs. Aus dem Radio erfuhr mein Vater von der baldigen Ankunft Seiner Majestät per Flugzeug. Voller Hoffnung schauten die Menschen damals bei Tag und Nacht zum Himmel und so verbreitete sich schnell die Kunde, man habe den König im Mond gesehen und er werde alsbald eintreffen.«
Ehrfürchtig blickten wir beide in den Mond. Smail sah mich an und sagte: »So, nun bist Du dran mit einer Geschichte.« Ich zuckte mit den Schultern. »Na dann denk Dir eben was aus, aber nichts mit Politik«, meinte er. Ich überlegte einen Augenblick, dann begann ich:
»Es war einmal ein armer Fischer. Der fuhr Tag für Tag aufs Meer hinaus, doch was er fing reichte gerade so zum Leben. Konnte er mal einen größeren Fang verkaufen, so musste er das erlöste Geld dreingeben für Netze oder die Reparatur seines Bootes, so dass ihm nichts blieb von seiner harten Arbeit. Trotzdem klagte er nie, blieb stets fröhlich und dankbar für jeden neuen Tag, der ihn gesund heimkehren ließ. Eines Tages, als sein Boot noch immer leer war und er zum letzten mal die Netze einholte, zog er einen seltsamen Fisch an Bord. Seine Schuppen glänzten gülden, seine Augen leuchteten wie Edelsteine und es schien, als trüge er eine winzige Krone von edelster Art. Wie der Fischer nun stand und staunte und überlegte, was dies nun auf sich habe, da hub der Fisch zu sprechen an. ›Guter Mann‹, sagte er, ›Du hast mich nun gefangen und hier außerhalb des Meeres bin ich Dir wehrlos ausgeliefert. Dir wiederum würde es im Wasser nicht gelingen, mich zu besiegen. Es ist immer ein ungleicher Kampf.‹ Der Fisch zappelte, denn die Sonne brannte ihn und er hatte kaum noch Luft zum Sprechen. Der Fischer nickte stumm, doch es

war ja sein Beruf, von dem er lebte. ›Gib mich frei‹, bat der Fisch mit letzter Kraft, ›ich werde es Dir reichlich lohnen.‹
Eilig griff der Fischer zu. Die Worte hatten ihn nachdenklich gemacht. Nicht für den Lohn wollte er den Fisch freigeben, sondern weil er Achtung hatte vor der Kreatur. Behutsam, ihn mit beiden Händen haltend, setzte er ihn zurück, doch dieser, kaum dass er sein nasses Element berührt hatte, fuhr blitzschnell herum und biss ihn tief in seinen Arm. Entsetzt verfolgte der Mann, wie er mit zuckenden kraftvollen Bewegungen in den Wellen verschwand. ›So also dankst Du es mir‹, rief er ihm nach, wobei er den blutenden Arm über Bord hielt. Unzählige Tropfen seines Blutes versanken in der schwarzen Tiefe des Ozeans. Erst als er sich umsah nach etwas, womit er sich verbinden konnte, schloss sich plötzlich die Wunde von selbst und er gewahrte, dass drei Blutstropfen ins Boot gefallen waren. Mit Erstaunen stellte er fest, dass sie zu kostbaren Rubinen geronnen waren. Er brachte sie heim und verbarg sie in einem kleinen Holzkästchen, welches seiner verstorbenen Frau gehört hatte, sprach nie ein Wort darüber und stach Tag für Tag in See bis an sein Ende. In stürmischen Nächten aber spülte das wilde Meer ab und an einen roten Edelstein an den Strand und niemand konnte ahnen, woher er kam.«
»Wirklich eine schöne Geschichte«, sagte Smail, »ich werde darüber nachdenken.« Hast Du sie extra für mich ausgedacht? Ich nickte und seine Augen leuchteten. Die feuchte Nachtkühle zog langsam herauf.
Im Autoradio dudelte von Ferne ein englischer Hit: ... we have found friends and we have lost friends ...
Smail nahm mich bei der Hand und zog mich von der Festungsmauer zum Wagen. »Ich hoffe, wir verlieren uns nie«, sagte er. »Inch Allah.«

Die Katzen des Monsieur Bicha

Vergeblich hatte ich versucht, die Vorfahrtsregeln im Kreisverkehr zu ergründen, was angesichts der Vielzahl der großzügig und mehrspurig angelegten Knotenpunkte schier unmöglich war: Polizist, Ampel, Stoppschild und rechts vor links – alles schien gleichzeitig zu gelten. Wir spielten Fahrschule. Doch was immer ich auch vorschlug, Smail rief »NO« und hielt die Hände vors Gesicht. In jedem Falle hätte ich seinen Kollegen sehr viel Arbeit bereitet. »Nein«, sagte er, »es ist ganz einfach« und deutete auf einen Bautrupp am Rande, der die Ampeln demontierte. »Nach dem neuen Gesetz ist es wie in Europa. Der Kreisverkehr hat Priorität.«
Gleich hinter Ait Melloul bogen wir in Richtung Flughafen Al Massira ab und hielten nach wenigen hundert Metern an einer Petromin-Tankstelle, welche sich schon rein äußerlich von den anderen Stationen dadurch unterschied, dass sie über einen sehr großen Kinderspielplatz verfügte mit einem bunten Wald aus Kletter- und Spielgeräten. Linkerhand ein rotgerahmter Glaspalast, der das Restaurant beherbergte, rechterhand ein Küchenpavillon, auf dessen weißgekachelten Tischen etwa drei Dutzend kleiner und großer Tagines auf Kohlebecken duftend vor sich hinschmurgelten. Daneben ein Fleischverkauf.

Fleischtheke im Souk von Inzegane

Das Rindfleisch in den Kühlauslagen und die an blitzenden Haken hängenden Hammelhälften leuchteten vor Frische. »Niemand kauft Fleisch, das er nicht sehen kann«, erklärte Smail.

Der Platz zwischen Glashaus und der offenen Küche war von einer zeltähnlichen blau-weißen Kuppel überwölbt, von deren Mitte ein bronzener Kronleuchter mit blütenförmigen Milchglaslampen herunterhing. Überall standen schlichte Tische und Stühle. Die Rückwand bot die Ansicht einer Felsgrotte. Aus Amphoren und verdeckten Öffnungen plätscherte unablässig Wasser über Steine in einen zwei Meter tiefen Graben. Unterhalb der Balustrade strudelte es durch eine beidseitig bepflanzte steinerne Rinne und stürzte von dort an mehreren Stellen hinab.

Wir nahmen Platz direkt an den Kaskaden, die angenehme Kühle spendeten. Der Kellner breitete rosa Papierdeckchen vor uns aus und während er warmes knuspriges Fladenbrot auf dem Tisch verteilte, bezog eine graugetigerte Katze Posten unter unserem Tisch. Es störte sie nicht, dass das Lokal bis auf den letzten Platz gefüllt war und die Kellner mit ihren Tabletts, auf denen sie silberne Teekannen oder braune Schmortöpfe trugen, eifrig ihre Runden drehten.

Smail erzählte mir von Monsieur Bicha, einem wohlhabenden freundlichen Mann, der diese Tankstelle bauen ließ und deren Restaurant ein Geheimtipp unter den Einheimischen der Umgebung geworden war. In der Tat sah ich keine Touristen hier, überall saßen marokkanische Familien lebhaft schwatzend und essend an den langen Tafeln. »Monsieur Bicha macht eine Menge Projekte im Lande«, sagte mein Freund. »Er sorgt sich um Arbeit und tut auch

Allgegenwärtig: Freundliche Katzen

viel Gutes für arme Menschen. Er ist sehr angesehen. Die Menschen müssen füreinander sorgen, so wie Allah für sie sorgt.«

Eine zweite, kleinere Katze war im Anmarsch. Sie balancierte breitbeinig und unsicher auf den beiden Rändern der Wasserrinne und wirkte etwa so, wie ein Skianfänger auf dem Idiotenhügel. Langsam senkte sie den Körper zwischen ihren vier Beinen hinab und schlabberte mit langem Hals und flinker Zunge von dem frischen Wasser. Smail lächelte. »Siehst Du, er gibt es auch den Tieren. Jeder bekommt etwas.«

Der Kellner brachte Lamm-Tagine[2] mit Pflaumen. Als er den trichterförmigen Deckel hob, lachte mir das Herz im Leibe. Auf einem Bett von Zwiebeln und allerlei Gemüse lagen vier dicke braungeschmorte Fleischstücke, bedeckt von Backpflaumen, welche allem einen lieblichen Geschmack gaben. Sofort schloss ich Freundschaft mit der marokkanischen Küche, denn die Verwendung von Backobst ist auch in Mecklenburg ein Muss bei den traditionellen Gerichten.

Smail war meine Begeisterung nicht entgangen. Er teilte das Brot und und zeigte mir, wie man, die Brotstücke gleichsam als Zange benutzend, mit der rechten Hand Fleisch- und Gemüsestücke aufnahm und zum Munde führte und wie man die leckere braun karamellisierte Sauce auftunkte, ohne sich schauerlich zu bekleckern. Es schmeckte zum Niederknien, keine Spur hammelig, sondern zart, saftig und aromatisch. Jeder hatte seine Katze am Knie

[2] Tagine = Schmortopf aus Keramik mit trichterförmigem (Araber) oder rundem (Berber) Deckel

Dampfender Tagine und frisches Brot

und gab ihr ein paar Bröckchen, welche sie behutsam mit dem Mäulchen abnahmen. Ich schmauste wie ein Raubritter und leckte mir alle zehn Finger ab. Smail freute mein Appetit. Lächelnd beugte er sich zu mir und raunte leise: »Nimm nur die rechte Hand zum Essen, die linke gilt als unrein.« Dann griff er nach einem neuen Stück, zerlegte es mit flinken Fingern und schob die besten Teile auf meine Seite des flachen Schmortopfes, aus dem wir beide aßen. Knochen und Pflaumensteine legten wir einfach auf den Tisch, der mittlerweile recht wüst aussah.

Als der Topf leergegessen war, sah er mich erwartungsvoll an. »Gut? Genial!« Wir schlugen unsere Hände aneinander. Smail reichte mir eine kleine Banane herüber, die völlig anders schmeckte, als in Deutschland. Dann machte er sich daran, eine Orange zu zerteilen. Es war keine von diesen aufdringlich glänzenden Früchten aus den Auslagen der Supermärkte, bei deren Anblick man Sodbrennen bekam. Ihre Farbe war matt orange, das saftige Fruchtfleisch hatte eine kaum wahrnehmbare feine Faserstruktur und der Geschmack war süß mit angenehmer Säure. Smail steckte mir lachend ein dickes Segment in den Mund. Es amüsierte ihn, wie ich es andächtig genoss wie ein Kind. Es war meine erste richtige Apfelsine.

Währenddessen räumte der Kellner den Nachbartisch ab, der nicht weniger abenteuerlich aussah als der unsrige. Nachdem er Geschirr und Gläser fortgetragen hatte, rollte er einfach die Papierauflage mit den Resten zusammen und brachte sie fort. So einfach war das. Dann kam er zu uns und errechnete die Zeche, deren Betrag sich auf DDR-Niveau bewegte, auf der Papierdecke.

Die Katzen des Monsier Bicha hatten sich zurückgezogen. Sie putzten genüsslich ihren Pelz und machten sich schön für neue Gäste.

Smail legte seinen Arm um meine Schulter und zog mich fort. Im Weggehen sah ich, wie die kleine Katze sich erneut mühte, an das sprudelnde Wasser zu kommen. Die Große hingegen glitt durch die Stäbe der Balustrade und grub mit ihren Pfötchen ein kleines Loch in die Erde unter den kniehohen Gummibäumen. Dort nahm sie würdevoll Platz.

Die Spinne

Wir hatten uns nach Dienstschluss zu 20.00 Uhr verabredet vor dem Betonklotz des Uniprix-Kaufhauses, um ein Zirkusspektakel anzusehen. Der Festplatz war überwölbt von einem in der Mitte wohl zwanzig Meter hohen achtbeinigen Gerüst aus gebogenen Gittermasten, das einer Spinne nicht unähnlich war. »Das gebrechlichste der Häuser ist gewiss das Haus der Spinne«, sagte ich und ein Lächeln huschte über Smails Gesicht. »Das ist ein Gleichnis aus dem Koran«, erklärte er, »es zeigt, wie vergänglich alles ist und wie schnell man alles verlieren kann, wenn man schlechte Dinge tut.« Er war noch in Uniform. Gerade wollte er ein Taxi heranwinken, um sich schnell zu Hause umzuziehen, als sein Handy düdelte. »Schade«, sagte er, »ich muss noch zwei Stunden ranhängen. Kannst mich ja nachher vom Boulevard du 20. aout abholen.« Sein Taxi bretterte mit quietschenden Reifen um die nächste Ecke.

Medina in Marakech

Inzwischen hatte die Vorstellung begonnen. Auf einem Drahtseil zu Füßen der Stahlkonstruktion boten Artisten allerlei Slapstick. Sie waren weißgeschminkt wie in der Commedia dell arte. Auch ein Fußballer in der rot-weißen Kluft von Hassania Agadir war mit dabei, denn immerhin fand die Vorführung wegen der Fußballweltmeisterschaft 2010 statt, um deren Ausrichtung Marokko sich beworben hatte. Die Scheinwerfer schwenkten nach oben zu dem Hochseil unter der Kuppel, auf welchem Engel mit glitzernden Flügeln halsbrecherische Balanceakte vollführten. Dann war wieder das Bodenpersonal an der Reihe. Offenbar erzählte man eine Geschichte, die ich nicht verstand. Jetzt wirbelten Artisten am Vertikalseil im Scheinwerferkegel, dann fielen lange Stoffbahnen aus der Kuppel. Sie waren an einem sternförmigen Gestell befestigt, das sich zu drehen begann, während die Frauen sich darin, der Schwerkraft trotzend, von unten in die Höhe wickelten. Dort angekommen, gaben sie ihre Körper frei, entrollten sich blitzschnell und stoppten gleichzeitig zehn Meter über dem Erdboden. Dann verschlangen sie die Stoffe zu einem kunstvollen Kokon und verharrten darin. Langsam regte sich etwas, zappelnde Hände und Füße traten heraus, ruckartig lösten sich die Gespinste auf und die Artistinnen schwebten in die Tiefe. Im selben Moment sprangen die Scheinwerfer um und strahlten in vier Richtungen die Spannseile an, auf denen silbern glänzende Motorräder vom höchsten Punkt der Spinne unter tosendem Applaus herabfuhren.

Um dem Gewühl der sich auflösenden Menge zu entgehen, hatte ich rechtzeitig meinen Posten verlassen und strebte am Rande des Festplatzes der Hauptstraße zu. Ein paar Schritte vor mir ging ein junger Mann, der wohl den gleichen Gedanken gehabt hatte. Sein Gang war nicht eilig, eher zielstrebig und gemessen mit einer würdevollen Eleganz. Er trug eine cremefarbene schlichte Djallaba[3] von edlem Tuch. Ein kleines Mädchen hatte sich von der Hand der Mutter losgerissen. Mit stummem Protest in den dunklen großen Augen stand es da. Nicht bockig, nicht trotzig, aber mit einem Blick, dem man keinen Wunsch abschlagen konnte. Eindringlich redete die Mutter auf die kleine Prinzessin ein. Wahrscheinlich sagte sie ihr, dass gleich die böse Mama Gholla[4] kommen und sie in den Sack stecken würde, wenn sie nicht artig sei. Die Kleine tippelte rückwärts dem Herrn genau vor die Füße. Dieser beugte sich hinab, strich ihr lächelnd mit der Hand über ihr schwarzes, glattes Haar. Für den Bruchteil einer Sekunde trafen sich die Blicke des Mannes und der Mutter, dann verschluckte ihn die Dunkelheit. Doch die junge Frau zog ihr Kind zu sich und verneigte sich tief.

Die Cafés links und rechts waren bis auf den letzten Platz gefüllt, aber außer mir ging niemand um diese Zeit den Boulevard des 20. August hinunter. Ich freute mich und beschleunigte meine Schritte, als ich Smail, der in meine Richtung schaute, von weitem auf der Kreuzung stehen sah. Er leitete die Fahrzeuge, die seitlich vom Festplatz kamen, auf den Boulevard. Sicherlich hatte er mich schon ausgemacht. Hinter seinem Rücken näherte sich auf der Mittelspur vom Hafen kommend ein Hummer-Jeep und wechselte in die rechte Spur, die durchgängig frei war. Aus einer Hotelausfahrt schlüpfte ein Taxi und setzte sich vor ihn, als ein Wohnmobil mit französischem Kennzei-

[3] Djallaba = traditionelles langes Gewand, auch Kapuzenmantel

[4] Mama Gholla = (sprich Mama Rolla) Märchenfigur, ähnelt der Hexe in Hänsel und Gretel

chen aus der wartenden Mittelspur ausscherte und sich schräg vor das Taxi quetschte. Die Kreuzung war rappeldicht. Inmitten des Hupkonzerts steckte ein dicker, mit zwei Kameras behängter Herr, ausweislich seines kakelbunten Hawaihemdes ein Tourist, seinen kahlen Kopf durch das geöffnete Beifahrerfenster des Jeeps, um offenbar nach dem Weg zu fragen. Ich merkte, wie Smail ins Schwitzen kam. Er hatte den Querverkehr und die Gegenrichtung gesperrt und seine weiß behandschuhte Hand bedeutete dem Franzosen mit ausladenden Gesten, dass er endlich losfahren solle. Der traute sich aber nicht. Also trat der Zauberer ein paar Schritte zurück und gab die gesamte Fahrbahn frei. Der Karavan blieb wie versteinert quer stehen, das Taxi quälte sich zur Hälfte über die hohe Kante des Bürgersteigs, der Urlauber zog seine Rübe aus dem Autofenster. Und während der Hummer-Jeep links das Wohnmobil auf der Gegenspur umrundete und davonbrauste, stand Smail zackig salutierend am Straßenrand.

Als ich vor ihm stand, schüttelte er noch immer den Kopf: »Jurrgen, did you see it? The King! The crazy tourist has made a question to the King«, rollte er. Der Urlauber hat den König was gefragt.

»Ist das denn schlimm«, wollte ich wissen und erzählte von meiner Begegnung am Rande des Zirkusspektakels. »Nein«, sagte Smail, »der König mischt sich gerne mal unter das Volk ohne Protokoll und Bodyguards. Oftmals ändert er auch spontan die Fahrtstrecke, um das zu sehen, was er nicht sehen soll, und dann gibt das »zdf«[5] für die Verantwortlichen.« Ich kramte meine Krügerol-Hustenbonbons aus der Tasche, die mein Freund so gerne mochte und sagte: »Das sollte unser Bundeskanzler auch mal tun, damit er überhaupt weiß, was das Volk für Probleme hat. Euer junger König ist wohl sehr beliebt?« Smail nickte heftig und sagte lachend: »Siehst Du ja! Jurrgen geht mit Seiner Majestät zum Zirkus und Smail muss Überstunden machen.« Wir schlugen unsere Hände aneinander. In diesem Moment krächzte das Radiophon, der Sprechfunk. »Gute Nachrichten«, sagte Smail, »ich hab jetzt Feierabend. Lust auf nen Tee im Maxwell?«

Jek, oui, yes. Oder jau, wie wir Mecklenburger sagen.

Eine Nacht in Inzegane

In der staubigen Glut des Tages wirkte dieses Stadtviertel schmucklos im Kontrast zu den nur einige Kilometer entfernten Hotelanlagen. Geschäftiges Treiben herrschte vor dem schier endlos anmutendem Souk[6] und dem angrenzenden Obst- und Gemüsemarkt. Tischlerwerkstätten, Schmieden, Fischbratereien …

Wie in Ait Melloul, so entfaltete sich auch hier der orientalische Zauber erst bei Nacht. Das Gewirr der in gelbliches Licht getauchten Gassen konnte man nur erahnen. Hier und da blinkten grün Kreuz und Halbmond der Apothe-

[5] zdf = (sprich sdiff) mundartlich Ärger, Streit, Zoff

[6] Souk = großer Basar

ken, stach das Blau der Telefonboutiquen hervor. Hinter den Fenstern der langen Arkaden stapelten sich Waren aller Art. In dämmrigen Cafés tranken Männer Tee. Menschen über Menschen. Ungeduldig ruckte die Autoschlange auf der verstopften Hauptstraße vorwärts und hupte vielstimmig, wenn sich ein Moped flink durch die Lücken zwängte. Und dennoch fühlte ich keine Hektik. Alles schien rätselhaft bedeckt vom milden Schleier der Straßenlaternen. So stand ich da und sog alles in mich auf, wie einst als staunendes Kind vor dem Schaufenster eines Bäckerladens mit einem Lebkuchenhaus, das im Inneren geheimnisvoll leuchtete. Smail schob mich sanft in eine Hausnische, damit uns der donnernde Laster nicht unter die Räder bekam und lachte,

Tagfrische Ware direkt vom Erzeuger

als ich vom Lebkuchenhaus erzählte: »Jurrgen und seine Geschichten. Meine Großmutter besitzt in Marakech ein kleines Haus in einer Straße, wo die alten Straßenlampen noch mit Öl betrieben werden. Die Nachbarn wechseln sich ab beim Putzen und Befüllen. Sie haben es abgelehnt, als die Stadtverwaltung neue Leuchten installieren wollte. Ich mag das alte Haus sehr.«

Auf dem Gemüsemarkt war Ruhe eingekehrt. Von hier aus wurden die Produkte in alle Landesteile geschafft. Vier Männer waren damit beschäftigt, mit Karotten gefüllte Holzkisten auf einen bedächtig schwankenden Laster zu türmen und mit Gurten festzuzurren. Ein Esel sah ihnen dabei zu. Er hatte Feier-

abend. Außer ein paar zweimeterhohen Pyramiden aus gelbgestreiften Melonen hatte alles einen neuen Eigentümer gefunden.
Am Rande des Platzes, dem Flohmarkt, saßen einige arme Leute. Jeder hatte ein kleines Tuch vor sich gebreitet und bot darauf ein paar Oliven oder Tomaten feil, welche sie vermutlich von den Großhändlern geschenkt bekommen hatten. Sicherlich würde der schmale Erlös für ein wenig Fleisch oder Brot reichen, meinte Smail. Mich aber interessierte der Lastwagen. Es war ein wunderschöner Peugeot-Pickup, gute fünfzig Jahre alt. Anfangs quittierte der Fahrer meine Neugier mit einem abweisenden Seitenblick. Doch als Smail übersetzte, dass der Wagen ein seltener Oldtimer sei, für den ein Sammler in Europa viel

Jongleur der vier Jahreszeiten

Geld bezahlen würde, kam Heiterkeit auf. Zwei der Männer schlugen dem Fahrer auf die Schultern und als ich eine Summe nannte, riss dieser die Arme in die Höhe und rief: »Ich bin ein reicher Mann.« Der vierte Arbeiter saß hoch droben auf der Karottenfracht und kommentierte lachend die Zukunftspläne: »Nimm die olle Hütte gleich mit mitsamt der Mohrrüben!« Er jonglierte dabei geschickt mit drei Tomaten, die größer waren, als eine Männerfaust. Zum Abschied warf er sie uns zu und winkte. »Bei uns wirft man Tomaten nur auf Politiker«, sagte ich zu Smail. »Schade um die Tomaten«, entgegnete er augenzwinkernd. Die fleischigen, saftigen Paradiesäpfel schmeckten lieblich und sehr aromatisch. »Tomaten sind Sonnenkinder«, referierte ich, »wenn sie nicht genug Sonne bekommen, sind sie ungenießbar.« Mein Freund wischte sich die Kerne von den Lippen und sagte: »Genau wie bei den Menschen. Deshalb sind wir auch meistens gut drauf, hier in Marokko. Aber die allerfreundlichsten Menschen trifft man in Quarzazate.«

Wir betraten den Souk und waren sofort gefangen vom Duft der Obst- und Kräuterstände. Kein Supermarkt der Welt führte ein solches Sortiment in unbeschreiblicher Vielfalt und Menge.

Ein fast blinder Mann tastete sich durch das Labyrinth der gekachelten Fleischtheken. In der Hand hielt er drei zusammengebundene Rippenknochen an einem Faden. Dem Verkäufer, der sie ihm wohl geschenkt hatte, entging nicht, wie ich ihm eine Münze gab. Auch bemerkte er die Vertrautheit zwischen Smail und mir. »Wartet«, rief er und holte zwei Ziegenköpfe und einen Kamelkopf hervor. Während Smail fotografierte, schauten ihm ein paar halbwüchsige Jungen über die Schulter. Er erklärte ihnen die Digitalkamera, sie bestaunten sich gegenseitig im Sucher und liefen dann aufgeregt davon.

»Eigentlich können wir ja hier ein Geschenk für Deine Mutter aussuchen«, schlug er vor, nachdem er mir den Kräuterstand von Ibrahim, einem weit über Agadir hinaus bekannten Heilkundigen, gezeigt hatte. »Am besten eine Djallaba, die kann sie im Sommer tragen.«

Schließlich standen wir zwischen Kleiderständern, ratternden Nähmaschinen und Schneiderpuppen, welche in wunderschöne Djallabas gehüllt waren. Beflissen breitete der Verkäufer eine nach der anderen vor uns aus: Einfarbige, bunte, paillettenbestickte, spitzenbesetzte, bortenverzierte, eine hübscher als die andere. Alle in Handarbeit aus fließenden weichen Stoffen, die die Haut streichelten, hergestellt. Mein Freund prüfte die Qualität und sortierte. Ich schwankte zwischen einer roten und einer grünen. »Aber ich weiß die Größe nicht«, wandte ich ein. Er warf sich lachend das rote Gewand über und schwenkte es hin und her. »Groß genug?« Die vorübereilenden Leute hielten einen Augenblick inne und schmunzelten. Ja, das musste passen. Wortreich handelte er den Preis um zwei Drittel herunter. Zu meinem Erstaunen legte der Verkäufer die grüne Djallaba dazu und sagte: »Dafür musst Du aber beim nächsten Mal wieder Modenschau bei mir machen«, und verabschiedete uns mit einem Handschlag.

»Er ändert immer meine neuen Uniformen«, gestand Smail später, als wir im Studentenviertel von Agadir im Restaurant Al Fath saßen, die Umstände unseres vorteilhaften Einkaufs. »Normalerweise darfst Du es nicht zeigen, wenn Dir eine Ware gefällt.« Außer ein paar Jugendlichen, die sich fernsehguckend an einer Cola festhielten, waren wir zu dieser späten mitternächtlichen Stunde die einzigen Gäste. Es gab butterzarte gedämpfte Hammelhaxe, die mit Kreuzkümmel und allerlei Kräutern gewürzt war. Mit Blick auf mich bot der Wirt an, Bestecke zu bringen, doch noch bevor ich es tun konnte, wehrte Smail dieses Ansinnen ab. »Man genießt das Essen viel mehr, wenn man mit den Fingern isst«, sagte ich und dachte dabei mit Schrecken daran, wie ein Tourist diese Delikatesse dick mit Mostrich bestreicht, um dann mit Messer und Gabel daran herumzusäbeln. Smail nickte zustimmend. In der Ecke über dem

Das Sortiment im Souk ist kaum zu überschauen

Fernseher hing das Modell eines mittelalterlichen Segelschiffs aus der Zeit von Kolumbus und ich fragte, was es damit für eine Bewandtnis hätte. Smail überlegte kurz: »In Europa war man schon 1325 auf die günstige Lage von Agadir aufmerksam geworden, nannte es Porto Meseguinam, Hafen der Ksima. Die Portugiesen, die dort ab 1515 einen befestigten Handelsplatz für Indien und Karawanen aus Innerafrika unterhielten, gaben ihrer Festung den Namen Santa Cruz, doch sie wurden 1541 von den Saaditen vertrieben. Geblieben ist die alte Bezeichnung Agadir, was im Berberdialekt der Ksima soviel bedeutet, wie Festung der Kornkammer. Der Fluss Souss machte die Gegend fruchtbar, so dass schon vor etwa eintausend Jahren die Ksima ihre reichen Ernten in einer Felsgrotte einlagerten. Als Drehscheibe des Handels zwischen Afrika und Europa stieg Agadir auf zu einer reichen und mächtigen Stadt, bis 1773 der Sultan Sidi Mohammed ben Abdullah dem Eigensinn und der Widerspenstigkeit ein Ende setzte, indem er die Stadt eroberte, größtenteils zerstörte und, was am folgenreichsten war, ihr das Handelsprivilleg mit dem Ausland entzog. Man vermutet gar nicht, dass das moderne Agadir eine so interessante und wechselvolle Geschichte hat«, endete Smail, wobei er Birnen schälte, die so saftig waren, dass wir uns mal wieder fürchterlich die Hemden bekleckerten. Der süße Nektar war die Unterarme bis zu den Ellenbogen entlanggelaufen und klebte nun in den umgekrempelten Manschetten.

Über der Straße flatterte ein hellblaues Stofftransparent: Willkommen in der Stadt mit den schönsten Badebuchten der Welt! Mittags hatte ich gesehen, wie sich eine endlose Karawane von Reisebussen mit Journalisten aus aller

Welt von der Kasbah herab in die Stadt geschlängelt hatte. »Agadir hat Zukunft«, sagte Smail stolz. »Draußen in Taghazout entstehen in den kommenden fünf Jahren neue Hotelanlagen und Monsieur Bicha baut übrigens ein neues Wohnviertel am Quartier Founty. Überall wird gebaut. Nur mit dem neuen Justizpalast kommen sie nicht recht in die Pötte.« »Naja«, lenkte ich ein, »das muss man Justitia nachsehen. Mit verbundenen Augen und Schwert und Waage in den Händen sind Bauarbeiten recht mühselig.«

Hitchkock in Marakech

Mittags kam Smail ganz aufgeregt von der Arbeit: »Hol Deine Zahnbürste, ich habe morgen frei. Ich zeige Dir Marakech.«[7]

Garküchen auf dem Platz der Gaukler

Vor uns lagen vier Stunden Fahrt durchs Atlasgebirge. Es ging zügig voran. Dreimal mussten wir an einer Baustelle warten, ab und zu trödelten wir hinter einem LKW her, der sich die Bergstraße hinaufmühte. Rechts im Tal breiteten sich die Wasserflächen des Stausees Abdelmoumen, darüber erhoben sich in der Ferne die schneebedeckten Gipfel des Hohen Atlas in den wolkenlosen blauen Himmel. Selbst im Hochsommer blieb dort in den Skigebieten Wintersport möglich. Links war die Piste von spitzen Bergen gesäumt, roten und weißen mit spärlicher Vegetation, unterbrochen von dicht bewaldeten grünen

[7] Marakech = heißt eigentlich »schnell weg«

Hügeln. »Schade, dass meine Großmutter gerade in Rabat ist«, sagte Smail. »Wir besuchen sie beim nächsten Mal.« Er schwärmte von ihrem alten Haus: »Es ist ockerfarben gestrichen. Die Wände sind wohl fast einen Meter dick und haben winzige Fenster mit Eisenstäben und Holzluken. Damals baute man die Decken aus Holz, Rohr und gestampftem Lehm. Längs der Wand im Wohnzimmer sind gemauerte Bänke, die mit Polstern belegt sind. Ein weiteres großes Zimmer ist durch Portieren in drei Räume geteilt. Und ihre Küche musst Du sehen mit einen uralten Lehmbackofen, der von unten befeuert wird. Sie kann wunderbar kochen.«

Marakech empfing uns in der Dämmerung zur Rush-Hour mit einem unbeschreiblichen und zum Zentrum immer haarsträubender werdendem Verkehrsgewirr. Auf den großzügigen Prachtstraßen, auf deren Kreuzungen farbig beleuchtete Fontänen oder Springbrunnen plätscherten, war das Fortkommen

Die berühmte Koutoubia-Moschee in Marakech

noch relativ einfach. In der Innenstadt hingegen lief nichts mehr. Autos, Laster, Eselskarren und vor allem ein unzählbares Heer an Mopeds und Fahrrädern verstopften gemeinsam mit größeren Fußgängergruppen alle Straßen. Wir quetschten uns hochkant in eine winzige Parklücke und machten uns zu Fuß auf den Weg zum Platz der Enthaupteten. Die laue Luft war angenehm mild und trocken. Der Anblick der angestrahlten Koutoubia-Moschee überwältigte mich. »Sie ist achthundertfünfzig Jahre alt und gilt als Meisterwerk maurischer Architektur«, erklärte Smail stolz. Ich musste schlucken. »Das alles kenne ich nur vom Schulatlas und aus Märchenbüchern«, sagte ich leise, »es ist ein tolles Gefühl, hier zu stehen. Demut und Dankbarkeit.«

Er hängte sich meine Tasche vor den Bauch und forderte mich auf, alle Taschen von Jacke und Hose zu leeren. Dann verstaute er Geld, Papiere und Schlüssel am Körper. »Riechst Du was«, fragte er, als wir um die Ecke bogen. »Ja, Pferde«, antwortete ich und blickte auf eine lange Kolonne stehender Pferdekutschen, die zu einer Rundfahrt entlang der alten Stadtmauer einluden. »Nein, was anderes, Jurrgen, hast Du keinen Hunger?« Da schlug uns der rauchige Duft der Bratstände und Garküchen entgegen, die sich in mehreren Reihen über den Platz hinzogen. »Oh! Oh!«, riefen die weißgekleideten Köche im grellen Licht, um Gäste anzulocken, und klatschten dabei unablässig in die Hände: »Bestes Essen und beste Sitzplätze, vollklimatisiert!« Die Tafeln waren überladen mit Früchten und Gemüse, mit überdimensionalen Teekesseln und Fisch und Fleisch in allen Variationen. Erstmal einen Berberwhiskey. Wir schlürften den heißen herb-süßen The á la menthe aus kleinen Gläsern, der die Strapazen einer vierstündigen Autofahrt bei 32 Grad durch die Prallsonne vergessen ließ. Inzwischen reichte man uns allerlei Teller voll von gebratenem Fisch und Fleisch und dazu pikante Salate und dampfende Saucen mit Oliven und knuspriges Weißbrot. Während wir, das bunte Treiben ringsum beobachtend, uns die Bäuche vollschlugen, forderte eine rotbunte Katze natürlich ihren Anteil. Anschließend zogen wir durch das Gewirr der Verkaufsstände im Souk in den von Planen überdachten Gassen der Altstadt, wo wir eine Tüte Krichlete[8] kauften und uns der freundlich geschwätzige Händler eine Handvoll Datteln schenkte. Dann lauschten wir den Märchenerzählern, die dort auf dem Djaarma al Fana[9] seit Jahrhunderten Kinder und Erwachsene mit ihren spannenden Fortsetzungsgeschichten in den Bann zogen. »Ganz früher, sagte ich zu meinem Freund, gab es bei uns alte Märchenerzählerinnen. Aber die Zunft ist ausgestorben. Smail nickte: »Die Regierung gibt Geld für ein Programm, damit die Tradition erhalten bleibt.« Überall begegneten uns Wasserverkäufer mit großen roten Hüten, die gegen geringes Entgelt Trinkwasser aus Lederbälgen in kleinen Messingschalen ausschenkten, Trommler und Tänzer mit Schellen in traditioneller Tracht, Artisten, Gaukler mit dressierten Affen und Schlangenbeschwörer, deren Schalmeien sich die drohenden Körper der Schlangen folgsam entgegenreckten.
Pflastermüde und voller Eindrücke kehrten wir zu unserem Hotel zurück. Es stand direkt am Platz der Enthaupteten, und dies wohl schon einige hundert Jahre. Im Erdgeschoss beherbergte es ein Restaurant und eine hallengroße Autowerkstatt. Ich vermutete, dass diese Garage einstmals das Warenlager eines reichen Kaufmanns gewesen sein könnte, der außerdem das Fonduk[10] betrieb. Smail verneinte. »Früher diente der Raum als Herberge, wo arme Leute gegen geringes Entgelt übernachten konnten. Das Obergeschoss war den reichen Gästen vorbehalten.« Dort zeugten vom einstigen Glanz noch Holztäfelungen und Mosaikfußböden. Gleich von der Treppe geradeaus ging es durch eine wuchtige Glastür zum schmalen Flur der Frauengemächer, auf dessen

[8] Krichlete = (sprich Krischlet), halbsüsse Mürbteigplätzchen mit feinem Sesamgeschmack, gibt's in der Konditorei YACUT

[9] Place Djaarma al Fana = Platz der Enthaupteten, der berühmte Gauklerplatz

[10] Fonduk = Gasthaus, Karawanserei

rechter Seite die dicht an dicht gereihten Türen in eine jeweils etwa zehn Quadratmeter kleine Kammer führten, deren Fenster zum Innenhof zeigte. Die linke Wand des Flures war die dem berühmten Platz zugewandte Außenwand, doch sie war fensterlos, wie es sich im Islam gehört.

Rechter Hand vom Treppenhaus gelangte man durch einen engen Durchgang in eine große säulenbestandene Halle. Überall standen mächtige Kübelpflanzen. Ringsherum lagen wie Klosterzellen die Eingänge zu den Zimmern. Diagonal zum Eingang führten drei dunkele Stufen zum Hinterhaus, in dessen Innenhof im Obergeschoss ein Arkadengang umlief. Neben jeder Zimmertür befand sich ein kleines grünverglastes Fenster.

Die Wände meines Zimmers waren ockerfarben getüncht, von der cremefarbenen bröckelnden Decke baumelte eine nackte Glühbirne. Außer einem breiten, grünspanbenagtem Messingbett, das mit frischen Laken und kratzenden bunten Wolldecken bezogen war, gab es noch ein schiefes Nachtschränkchen und einen Metallstuhl. Der Wandschrank war vollgestopft mit einer zerknüllten schwarzen Plane, über der an einem Nagel ein einsamer Kleiderbügel hing. Den winzigen Raum für Dusche und Toilette hatte man wahrscheinlich Anfang der fünfziger Jahre nachträglich vom Zimmer abgeteilt. Während ich mich heiß abbrauste, versiegte das Wasser gänzlich. Nix für Frau Müller-Lüdenscheidt aus Wanne-Eickel, aber ich fand es wahnsinnig toll. Kühl war es, was bei Sommerglut von großem Vorteil gewesen wäre. Also löschte ich das Licht und krabbelte ins Bett. Meine Gedanken kreisten um Tänzer, Gaukler und Schlangenbeschwörer.

Es war schon spät, als Amar Ibn Zaydoun, ein reicher und angesehener Kaufmann, die Gaststube betrat. Der Wirt begrüßte ihn mit einer Verbeugung. »Ihr reist mit wenig Gepäck mein Herr«, sagte er. »Das soll Dich nicht kümmern«, entgegnete Amar und sah sich um. Außer einem europäisch gekleideten Mann in der Ecke war niemand weiter da. Während seine beiden Begleiter die Kamele versorgten, nahm er Platz und schickte den Wirt nach Wein und Speisen. Alsbald war man zu dritt und ließ es sich wohl sein. Der Wein hatte ihre Zungen gelöst. Amar gab den beiden jungen Männern Anweisungen für den nächsten Tag, nämlich beim Schmied die bestellten Beschläge abzuholen. »Inzwischen werde ich zum Sultan gehen«, sagte er. »Mir ist zu Ohren gekommen, dass die Arbeiten an seinem Palast nicht recht vorankommen, weil es an Steinen fehlt. Ich aber habe noch einen großen Posten carrarischen Marmors. Den will ich ihm zu einem guten Preis lassen. Weshalb sollte er ihn aus Italien kommen lassen, wo er ihn teuer gegen Zucker aufwiegen muss? Mein Angebot wird ihn milde stimmen. So wird er mir sicher gestatten, mich in Marakech niederzulassen, denn ich bin des Reisens müde.« Er nahm einen tiefen Schluck aus seinem Becher, senkte den Blick und murmelte leise: »Vielleicht sehe ich ja auch die liebreizende Tochter des Sultans, deren Anblick meinem einsamen Herzen immer so gut tut.«

Unbemerkt von allen verließ der Gast aus dem fernen Italien die Schenke über die schmale Treppe nach oben. Doch er ging nicht auf sein Zimmer, sondern verbarg sich in der von Säulen und Kübelpflanzen bestandenen Halle im Obergeschoss hinter einem Pfeiler. Schon bald hörte er die immer näher kommende Stimme des Kaufmanns im Treppenhaus, die zu den Begleitern sprach: »Weckt mich morgen früh zum Morgengebet. Ich will Allah bitten, mir bei meinen Verhandlungen mit dem Sultan behilflich zu sein.« Die Angesprochenen sahen einander ernst in die Augen, als sie die Halle durchquerten, denn sie wussten, wie ungnädig ihr Herr bisweilen reagierte, wenn er aus dem Schlaf gerissen wurde. Die drei verschwanden durch eine enge Pforte am Ende der Halle, die über ein paar Stufen zu einer den Innenhof umrundender Galerie führte und legten sich in ihren Kammern zum Schlaf, nicht ahnend, dass der Fremde sie listig ausgespäht hatte. Dieser wartete noch, bis im Untergeschoss die Lichter verloschen waren und nur noch das Schnarchen des Wirtes ihm anzeigte, dass seine Zeit gekommen war. Das flackernde Licht der Öllampen ließ die Säulen der Arkaden schattenhaft tanzen, als er den schweren Vorhang zur Unterkunft des Kaufmanns mit der linken Hand zur Seite schob. Die erhobene Rechte führte den Dolch. Er traf Amar Ibn Zaydoun knieend zum Bittgebet und tötete ihn mit nur einem Stich in den Rücken. Noch während sein Opfer röchelnd zur Seite sank, zerrte er ihm den Ring von seinem Finger, den kostbaren Ring, den ihm einst sein Vater Zaydoun Abou Amar auf dem Sterbebett gegeben hatte. Schnellen Fußes eilte er die Stufen hinab zum Innenhof, wo er die schmale Tür zum Schlafsaal der Armen unverschlossen fand. Es störte ihn nicht, dass ein Kind weinte in einer düsteren Ecke. Behende schob er den Ring und den blutverschmierten Dolch unter die Matratze eines schlafenden alten Mannes gleich vornan und eilte dann lautlos nach oben auf sein Zimmer.

Im Morgengrauen standen die beiden Männer, die kaum geschlafen hatten, um das Wecken nicht zu versäumen, vor dem Zimmer ihres Herrn. Todeskälte schlug ihnen entgegen, als sie es betraten und ihn tot in seinem Blute liegend vorfanden. Just in diesem Moment rief der Muezzin vom Minarett der nahegelegenen Koutoubia-Moschee zum Gebet. Seine angenehm dunkele Stimme mit den kratzigen Kehllauten war weithin zu hören …

Ich rieb mir die Augen und hatte kalte Füße. Trank einen Schluck Wasser aus der Plastikflasche auf dem Nachttisch und fingerte eine Handvoll Krichletes, eine Art Mürbteigplätzchen mit Sesam und Kümmel, die wir im Souk gekauft hatten, aus meiner Tasche. Draußen schallte der Ruf zum Gebet durch die Arkaden. Bald klopfte es an meine Tür. Es war Samil. »Ca va? Gut geschlafen im Hitchkock-Hotel?« »Nöh«, sagte ich und erzählte von meinem Traum. »Duschen fällt flach«, sagte er. »Kein Wasser.« Ich winkte ab. »Soll ich Dir erzählen, wie es weiterging mit Amar?« fragte Smail, lümmelte sich lachend auf das quietschende Messingbett. »Ich habe die Fortsetzung geträumt: Die beiden Begleiter riefen sofort die Palastwache des Sultans. Ihr Anführer, der kluge Bachar Abou Hazm, ließ das ganze Hotel durchsuchen. Natürlich fand er den Ring und die Mordwaffe und zerrte den alten Mann von seinem Lager. ›Ich habe nichts Schlechtes getan‹, rief dieser, ›Allah ist mein Zeuge.‹ Bachar glaubte ihm. Dennoch ließ er ihn in Fesseln legen und befahl, dass alle Bewohner des Hauses sich im Innenhof zu versammeln hätten. ›Dieser unselige Mann‹, rief er, ›dieser Mann ist verdächtig, den Kaufmann Amar Ibn Zaydoun hinterrücks ermordet zu haben.‹ Dabei musterte er die ihn im Halbkreis um-

Töpfermarkt in Marakech

stehenden Leute von unten bis oben, durch deren Reihen ein entsetztes Raunen ging. ›Doch dieser Mann ist unschuldig, fuhr er fort. Ich kenne den wahren Täter, denn der hat an seinem Beinkleid Blutspritzer.‹
Der ihm gegenüber stehende Wirt krallte ängstlich die Hände in seine vom Hühnerschlachten befleckte Schürze und fiel in Ohnmacht. Im Augenwinkel aber sah Bachar, wie der italienische Reisende die Falten seines Gewandes spreizte. Sofort drehte er sich herum und zeigte auf ihn: ›Ihr, Ihr seid es gewesen! Ihr habt die Tat vollbracht!‹ Leugnen half nicht. Der Fremde wurde zum Sultan geschleift, war geständig und wurde zum Tode verurteilt.«
Wir starrten beide auf die nackte Glühbirne an der Decke. »Soso, nun kriegt die liebliche Sultanstochter keinen Mann ab«, lästerte ich. Smail sah mich an. »Die ist doch an Blinddarmentzündung gestorben«, meinte er. Ich stand auf, ging in den Duschraum und drehte erfolglos an den Wasserhähnen. Über meine Schulter rief ich: »Eigentlich ist ja der Sultan der Gelackmeierte.« »Klar«, entgegnete Smail, »weder der marokkanische, noch der italienische Kaufmann konnten Carrararmarmor liefern für den Badi-Palast des saadischen Sultans Ahmed el Mansur. Das ist aber nicht weiter schlimm. Hundert Jahre später ließ sein Nachfolger, der Alauitersultan Moulay Ismail, aus Neid über den Prunk seines Vorgängers die Hütte größtenteils abreißen. Was war denn in dieser Zeit bei Euch in Allemanien los?« Ich grübelte. »Zu Amars Zeit war bei uns Reformation. Martin Luther war ein mutiger Mann.« Smail nickte. »Ach der, der Tetzels Ablasshandel bekämpfte?« »Genau der«, pflichtete ich bei und fuhr fort: »Hundert Jahre später gab es den Dreißigjährigen Krieg. Mein Urahn war Festungskommandant eines Vorwerks von Magdeburg in Westerhüsen und übergab es kampflos an den Feind, um Menschen und Gebäude zu schonen, da der Krieg eh verloren war. Tilly, Wallenstein und so weiter.« Smail erhob

sich und packte meine Socken und Unterwäsche in meine Tasche. »War ein toller Typ, Dein Ururgroßvater. Ist er Minister geworden?« »Nein«, entgegnete ich, »man hat ihm wegen Feigheit vor dem Feind den Kopf abgehackt. Und in der Zeit regierte bei Euch der Sultan Ismail sein Riesenreich, zu dem Marokko, Algerien, Tunesien, Sudan und das spanische Andalusien gehörten.« »Crazy«, sagte mein Freund, »Smail, Ismail. Da hätten wir uns ja schon vor vierhundert Jahren treffen können. Aber die haben sich doch bloß immer eins über die Nase gehauen: Zdf-zdf-zdf-der-dhlaf!«[11] Er schlug mit der Faust in die hohle Hand. »Alles nur Galouf[12] ...«

Wir saßen zum Frühstück auf der im ersten Stock gelegenen Terrasse des Fonduk mit direkter Aussicht auf den Place Djaarma al Fana, wie schon berühmte Leute vor uns, zu denen auch die Hamburger Graphikerin Hilde Hudemann[13] gehörte. Anno 1969 hatte sie von hier oben den weltbekannten Platz gezeichnet. Auf ihrer Reise durch Syrien war sie kurz in Haft genommen worden, weil sie Menschen porträtierte. Dies sei nicht erlaubt, belehrte man sie freundlich und ließ sie laufen mit der Empfehlung, künftig nur Autos und Gebäude zu malen. In Marokko, das sie sehr liebte, hatte sie hingegen freie Hand bei der Wahl ihrer Sujets.

»Was ist Galouf?« wollte ich wissen. »Ein nur in Agadir gebräuchliches Wort für Spitzbube,« erklärte Smail, während er nachdenklich in seiner aufgeschäumten Kräutermilch herumrührte. »Zeitlich kommt das nicht ganz hin mit Ismail und dem Dreißigjährigen Krieg«, sagte er, »denn von Anfang bis Mitte des 17. Jahrhunderts herrschten nacheinander elf Sultane aus der Dynastie der Saadier im Land. Acht von ihnen wurden umgebracht. Den Saadiern folgten die noch heute regierenden Alauiten, ein uraltes Geschlecht aus dem südmarokkanischen Tafilalet, das mit unserem Propheten Mohammed verwandt ist. Ismail bestieg erst 1672 den Thron und blieb 55 Jahre im Amt. Seine Prachtentfaltung war der seines französischen Kollegen Ludwig XIV., zu dem er enge Beziehungen unterhielt, vergleichbar. Meknes sollte ein marokkanisches Versailles werden. Dafür ließ er unter anderem den Badi-Palast hier in Marakech »entkernen«, wie man heute sagt. Es heißt, dass er 500 Frauen hatte, 12.000 Pferde und 30.000 Sklaven.« Ich musste lachen und sagte: »Der Dritte im Bunde ist unser August der Starke, kaiserlicher Oberbefehlshaber, seit 1694 Kurfürst von Sachsen und drei Jahre später dann auch König von Polen. Er hatte zwar nur 39 Dienstjahre, aber bei seiner ausufernden Mätressenwirtschaft soll er es auf 354 Kinder gebracht haben. Er verbog gerne Hufeisen und wenn es stimmt, dann hat er aus Jux dem Schwedenkönig eine dicke Eisenstange um Hals und Arme gewunden, so dass dieser sich nicht mehr bewegen konnte. Seine prunkvolle Residenz Dresden muss ich Dir unbedingt zeigen, wenn Du mich besuchst. Du hast Milchschaum an der Nase.« Smail wischte sich durchs Gesicht. »Geschichte wiederholt sich«, sagte er, »die Menschen müssen endlich daraus lernen.«

[11] zdf der dhlaf = (sprich sdiff der liff) mundartlich Prügel

[12] Galouf = (sprich Dschaluuf), mundartlich Spitzbube, verkommener Mensch

[13] Hilde Hudemann (1914–2005)

Wir verließen unser Hitchkock-Hotel. Breite prachtvolle, von repräsentativen Gebäuden gesäumte Boulevards führen zum Menara, einer Gartenanlage aus dem 12. Jahrhundert. Auf einer Fläche von fast vier Quadratkilometern fanden wir alle Arten von Obstgehölzen. Die Mandelbäumchen blühten bereits. Eine Kinderschar liebelte ein Kamelbaby ab und auf dem breiten Hauptweg patrouillierten würdevoll zwei berittene Polizisten. In dem riesigen Wasserbecken befand sich eine Plattform, die nachts als Bühne für Illuminationen und

Die gierige Möwe vom »Le Maxwell«

Tanzspektakel diente. Wir fütterten die Fische mit Brot, das eine ältere Frau zum Verkauf anbot. Dann war es Zeit für den Heimweg, zweihundertfünfzig Kilometer Serpentinen bergab nach Agadir. Vor einer unübersichtlichen Kurve überholte uns wild hupend ein Lastzug. Das Hupen galt nicht uns, sondern zwei entgegenkommenden Lastern, die sich auf der schmalen Straße aneinander vorbeiquälten. Ich bremste und stand in einer Dunstwolke aus Dieselqualm und aufgewirbeltem roten Staub. Der Mercedes hinter uns schoss schlingernd rechts auf dem Bankett an uns vorbei. Ich sah Smail entsetzt an, doch der schien das gelassen hinzunehmen. »Galouf«, sagten wir wie aus einem Munde. »Heute sind wohl bloß Idioten unterwegs«, meckerte ich, als wir die Fahrt fortsetzten. Smail lachte: »Große Fehler, kleine Fehler. Die Höchststrafe beträgt 40 Euro. Aber dies hier wäre beinahe ein Fall für Nummer Fünf geworden.« Nummer Fünf war die scherzhafte Bezeichnung für Handschellen, weil die beim Schließen fünfmal einrasteten.

Auf der großen Kreuzung Al Kamra in Agadir, wo Boulevard Mohammed V., Avenue Hassan II. und die Ausfallstraßen zusammenliefen, kam ich mächtig ins Schwitzen und legte natürlich durch meine vorausschauende zögerliche Fahrweise den gesamten Verkehr lahm. »Zir, zir, zir«, gurrte Smail, »fahr!« »Aber da kommen doch welche«, protestierte ich. »Fahr, die müssen uns vorlassen.« Dem Reifenquitschen und Hupkonzert entronnen, hielt ich meinem Freund beide Handgelenke hin: »Nummer Fünf bitte.« Doch der lächelte nur. »Keine Angst, ich habe einen Schlüssel.«

Max und die exzellenten Fahrer

Er war eine Berühmtheit in Agadir und vermutlich der einzige Hund weit und breit. Öfters hatte ich ihn gemächlich durch die Straßen trotten sehen. Sein Zuhause war überall und nirgendwo. Es schien, als trüge Max an allen vier Fesseln Armbänder im Leopardenlook. Heute besuchte er das Café Maxwell, schaute kurz in die Runde und kam dann direkt auf mich zu. Ich durfte sein altersgraues Fell kraulen, dann sank er zur Seite, legte seinen Kopf auf meinen Fuß, schaute kurz stirnrunzelnd mit treuen, müden Augen zu mir auf und schlief ein. Während ich mir ein paar Reisenotizen machte, brachte Aziz das obligatorische Mineralwasser der Marke Sidi Ali, das sehr gut schmeckte. Bei meinen Aufenthalten in Marokko hatte ich es mir zur Gewohnheit gemacht, keinen Alkohol zu trinken, obwohl das einheimische Flag-Bier gar nicht zu verachten war, wie auch die interessanten sonnengereiften marokkanischen Weine.
Max schnarchte. Auf dem obersten der vom angrenzenden Hotel terrassenartig zum Café abfallenden weißgetünchten Dächer kauerte ein schwarzer Kater. Faul musste er sein, oder alt. Oder beides. Jedenfalls ließ seine Klettertaktik darauf schließen. Anstatt einfach vom Sims auf das jeweils tiefer gelegene Dach zu springen, hängte er Kopf und gespreizte Vorderläufe über die Kante, schob vorsichtig den Körper nach und rutschte dann, mit den beiden Pfoten bremsend, die senkrechte Wand herunter, ohne sich zu überschlagen. Dass er oft diesen, und nur diesen Weg nahm, sah man an den schwarzen Streifen, die er hinterlassen hatte. Nach drei Kamikaze-Stürzen nahm er oben auf dem Rahmen der gläsernen Terrassenwände Platz und schaute mit mürrischen Bernsteinaugen auf den schnarchenden Hund. Sodann trollte er sich zum Lieferanteneingang der Küche und kehrte mit einem riesigen Stück Hühnerpelle auf der selben Route zurück auf sein oberstes Dach. Und schon war sein Mittagsmahl futsch. Zwei dicke Möwen attackierten ihn, rissen kreischend die Beute in Fetzen und flogen davon. Hungrig und wütend mit dem Schwanz peitschend stakte der Kamikaze-Kater auf seinem Altan hin und her. Der Feind schläft nicht. Hier unten bei Max wäre es sicherer gewesen.
Um die Mittagszeit waren alle Tische im Maxwell besetzt. »Haben Sie was dagegen, wenn wir uns hier mit ransetzen«, fragte ein älteres Ehepaar im unverkennbaren Hamburger Missingsch. »Nöh, sett juch man dahl«, antwortete ich in Mecklenburger Platt. Die Frau war sichtlich erfreut, einen Norddeutschen zu treffen und rief: »Nee, was sag ich immer, die Welt ist ein Dorf. Und so schön braun. Sie sind wohl öfters hier?« »Jau«, antwortete ich, »so oft

es möglich ist. Und wenn die Zeit mal zu lange wird und ich zu Hause Heimweh nach Marokko kriege, schnuppere ich an Kreuzkümmel und bin selig.« Der Mann lachte. Die Frau nicht. »Die Leute sind auch zu und zu nett hier«, stellte sie fest. »Wir sind das erste Mal hier. Mit'm Wohnmobil. Und Wilhelm, mein Mann, ist gleich falsch gefahren.« »Aber doch bloß, weil Du immer dormang gequaddelt hast«, protestierte er. »Ich hab gar nicht dormang gequaddelt«, entgegnete sie. »Ich hab nur gesagt, Du musst jetzt so wie hier links abbiegen, aber die nächste. Und Du bist denn trotzdem abgebogen und da stand schon der Polizist und wollte die Papiere. Na, wat dit wohl wird, denke ich. Der Schutzmann hat uns verklickert, was mein Mann falsch gemacht hat und wo wir mit dem Caravan übernachten können wo das nix kostet. Un denn fragt er, ob wir aus Hamburg sind. Ich sag, Wilhelm, für mich eine große Apfelschorle.« Aziz stand am Tisch, um die Bestellung aufzunehmen. Ohne Luft zu holen, fuhr sie fort: »Das Reden muss ich ja immer machen, nee. Also ich sag ja. Und denn sagt der Polizist, mein bester Freund Jurrgen hat da zweihundert Kilometer wech von Hamburg ein altes Fischrestaurant an der Müritz. Gute Fahrt und schönen Urlaub.« Sie nahm einen großen Schluck aus ihrem Glas. »Ah, da hatte ich jetzt son'nen Jieper drauf. Der war nett. Kein Knöllchen und keine Punkte.« Der Gatte brummte, »Hilde, hier gibt das keine Flensburger Kartei, allenfalls …« »Wieso nicht«, fiel sie ihm ins Wort, ohne den Blick von mir zu wenden, »sei man froh, dass ich nicht teuer Geld bezahlen musste. An der Müritz waren wir vor drei Jahren. Kennen Sie die Müritz?« Ich nickte: »Ja, die ist dichte bei, so dreihundert Meter.« Zum ersten Mal empfand ich ein diebisches Vergnügen daran, meinen Heimatort geheim zu halten und konnte mir ein Grinsen nicht verkneifen. »Ach so«, stellte die Dame kurz fest, »wo kann man hier gut essen gehen?« »Schmecken tut es überall«, sagte ich, »aber ich schreibe es Ihnen mal auf. Hier im Maxwell ist der Krabbencocktail sehr lecker. Schokocroissants und Tee sind am besten im Café Founty am großen Kreisverkehr. Zum Tagineessen fahren Sie entweder nach Ait Melloul zur Tankstelle oder ins Al Baraka hinter Awirir. Hausgemachte Remoulade schmeckt prima im Day And Night am Ende des Boulevards 20. August. In den einfachen Fischbratküchen am Hafen vor der Auktionshalle können Sie sich aussuchen, was fangfrisch auf den Grill oder in die Pfanne soll. Gedämpfte junge Hammelhaxen sind eine Spezialität des Al Fath im Studentenviertel, wonach Sie am besten einen Taxifahrer fragen. Die mit Abstand delikatesten und knusprigsten safrangelben Brathähnchen müssen Sie zu Fuß erwandern in der Ville Popoulaire. Kurz vor dem Ende der Avenue Hassan II. biegen sie hinter dem VW-Autohaus links auf den großen Taxiplatz, den sie angesichts von hunderten dort wartenden Taxen nicht verfehlen können. Am Ende der Längsseite des Platzes wieder links. Nach hundert Metern auf der rechten Straßenseite finden Sie das kleine Lokal von Hassan. Vorne ist es immer voll, aber er hat ein Hinterzimmer, wo Sie essen können.« Noch während ich die letzte der Adressen auf meinen Block kritzelte, sah ich durch die dicken Gummibäume Smail in Zivil antraben. »Der beste Koch von Agadir kommt aber gleich hierher«, beeilte ich mich, zu sagen, »und wenn Sie mal wieder an der Müritz sind, besuchen Sie mich.« Bei diesen Worten schob ich Hilde den

Bauboom am Hafen von Agadir

Zettel zu und gab Wilhelm meine Visitenkarte. Ungläubig schaute er darauf: »Da waren wir doch zum Zanderessen.« Im selben Moment stand Smail hinter mir und legte seine Hände auf meine Schultern. Das Ehepaar starrte ihn an. Mit einem glucksenden Lachen warf er seinen Kopf in den Nacken. Dann beugte er sich herunter und flüsterte: »Komm schnell, der Wagen wartet. Wir fahren nach Essaouira.« Der ansonsten wortgewaltigen Hamburgerin hatte es die Sprache verschlagen, als wir uns winkend von den beiden verabschiedeten. Auf dem Weg zum Auto fragte mich Smail: »Hast Du denn ein bißchen geschrieben für Dein Buch?« »Nein«, sagte ich und erklärte ihm die zweite Seite der Geschichte unserer gemeinsamen Urlaubsbekanntschaft, »das brauche ich nicht aufzuschreiben, weil mir das eh kein Mensch glaubt.« »Schreib es trotzdem auf«, meinte Smail, »das wahre Leben muss festgehalten werden.«
Er stellte mich seinem Bekannten vor, der uns nach Essaouira bringen sollte: »Said ist Fahrschullehrer und hat eine eigene Fahrschule. Brauchst keine Angst zu haben, er ist ein exzellenter Fahrer.« Als wir am Hotel Transatlantique vorbeifuhren, dammelte ein Hund um die Ecke. »Das ist Max«, sagte Smail, »er ist berühmt hier.« Ich riss den Kopf herum. »Klar, kenne ich doch, den hatte ich ganz vergessen bei dem Geschnatter im Maxwell«, rief ich, »aber so kann das gehen, wenn man zum ersten Mal nach vierzehn Tagen Deutsch spricht.« »It's crazy«, sagte mein Freund, »wir kennen uns nun schon so lange und ich habe Dich noch nie Deutsch reden hören, crazy.« Ich wiederholte meinen letzten Satz in meiner Muttersprache, doch Smail winkte ab: »Nein, das ist nicht so richtig deutsch, das klingt künstlich.«

Ziegen lieben die Früchte der Arganie

Inzwischen hatten wir entlang der Atlantikküste die Stadt verlassen. Rechtsseitig der Trasse, die sich allmählich in die Berge schraubte, lagen große Abwasserrohre für spätere Hotelprojekte. Immer steiler wurde links die Küste, immer enger krümmten sich die Serpentinen der schmalen Asphaltstraße, die meistens auf vierzig oder sechzig Stundenkilometer begrenzt war. Den Fahrer schien das nicht zu interessieren. »Schau mal, sind das sechzig«, witzelte Smail. Nein, es waren einhundertzwanzig. Er wurde stiller und stiller. Nach achtzig Kilometern stoppte das Auto abrupt, Smail sprang heraus, um sich zu übergeben. Ich folgte ihm besorgt mit Wasserflasche und Papiertaschentüchern. »Das ist nicht schlimm«, erklärte er, »in meinem Tagine heute Mittag war zuviel Öl.« Zwanzig Minuten wilder Fahrt später die gleiche Prozedur, nur dass er Tempos und Wasser gleich mit hinaus nahm. Als er wieder neben mir saß, sagte ich: »Autofahren ist wohl nicht so Dein Ding, von wegen zu fettes Essen.« »Nein, nein«, flüsterte er, »ich muss dazu immer ein Medikament nehmen, aber ich hatte heute nichts mehr. Autofahren ist gefährlich, aber Said ist ein exzellenter Fahrer.«

Das Gold der Abendsonne krisselte sich auf den Meereswellen. Wir konnten beobachten, wie der auflandige Wind zunahm und Schaumkronen zauberte, die sich an den geschwungenen Ufern, die zur Stadt führten, brachen. Am breiten menschenleeren Strand von Mogador, so der alte Name Essaouiras, erträumten wir, wie eine weißgekleidete Prinzessin mit wehenden Gewändern auf einem Schimmel in Zeitlupe durch die Brandung galloppierte, der güldene feine Sand den Hufschlag dämpfte und der unbarmherzige Wind ihr das jauchzende übermütige Lachen von den Lippen riss. Traumstrand für Romantiker, Traumstrand für Surfer.

»Nein, keine Prinzessin«, korrigierte Smail, »es ist eine Piratentochter, denn Mogador bot in alter Zeit oftmals Seeräubern Unterschlupf. Als 465 v. Chr. Hanno aus dem fernen Karthago hier anlegte ...«

»Da verliebte sich der Sohn des Admirals in die Schöne«, unterbrach ich ihn, »ausgelassen ritten sie am Strand um die Wette.« Smail deutete in die Ferne: »Bis hoch auf die Felsen. Sie übersprangen die Klippen, doch nur die Piratentochter, die immer voran war, kannte die gefahrlosen Pfade. So kam es, dass das Pferd des jungen Mannes den Absprung verfehlte und mit ihm in den Tod stürzte«, vollendete er. Soeben hatten wir die Harzer Rosstrappensage neu erfunden, nur dass statt des Ritters Bodo im Harz der imaginäre Admiralssohn auf dem Grunde des Wassers gelandet war. »Aber den Hanno gab es wirklich«, betonte er. »Seither war die Stadt Hafen und Handelsplatz für Karawanen, die aus dem Inneren des Kontinents Goldstaub und Elfenbein brachten, um es gegen Zucker, Leder und Salz zu tauschen. Der Niedergang Agadirs im 16. Jahrhundert brachte einen Aufschwung für die portugisische Festung, so dass schließlich im 19. Jahrhundert fast die Hälfte aller Warenladungen aus dem überseeischen Handel Marokkos hier gelöscht wurden.« Mit kurzem Blick kontrollierten die Zöllner unsere Ausweise und ließen uns passieren. Eine steife Brise schaukelte die auf ihr frühes Auslaufen am nächsten Morgen wartenden Fischerboote. Sardinenfischer. Ich erzählte meinem Freund von einer alten Kundin im Laden meiner Tante, die immer »Ölgardinen« für 65 Pfennige kaufen wollte. Ihre Ölsardinen kamen aus Essaouira. Gegenüber dem Hafenbecken baute man Boote, deren frisch bearbeitete Spanten aus abgelagertem Holz leuchteten und anmuteten, wie Walskelette.

Durch das imposante Hafentor betraten wir die breite Hauptstraße der von hohen zinnenbewehrten dicken Mauern eingeschlossenen Altstadt, in der sich Geschäft an Geschäft reihte. Des Nachts verschloss man deren schmale, oft nur zwei Meter breite Eingänge mit zweiflügeligen blauen Holzladen. Noch aber waren sie geöffnet. Überall kündeten Plakate vom alljährlich stattfindenden Gnaoua-Festival, einer Musik, die im 16. Jahrhundert von sudanesischen Sklaven in die Hafenmetropole gebracht worden war. Von der Scala de la Kasbah, der Festung, deren Kanonen vor fast zweihundertfünfzig Jahren im spanischen Sevilla gegossen worden waren, schauten wir auf die vorgelagerten Purpurinseln, wo einstmals aus den im Meer lebenden Purpurschnecken der kostbare rote Farbstoff gewonnen wurde. Aus einer Tischlerei unweit des Marinetores war ich nicht mehr herauszubekommen. So wunderschöne Möbel hatte ich noch nie gesehen: Perlmuttverzierte Schränke in einzigartig phantasievollen Formen mit kaum sichtbaren Schubfächern und liebevollen Intarsien aus dem Holz der Thuja-, Zedern- und Zitronenbäume. Besonders faszinierten mich drei zierliche zusammenstehende runde Tischchen. Sie waren geometrisch klug geteilt und wenn man die Hälften jeweils gegeneinanderdrehte und zusammenschob, ergab sich eine kleine längliche Tafel. »Komm, wir müssen noch zur Apotheke«, mahnte Smail zum Aufbruch.

Wir liefen kreuz und quer durch die Medina[14], bis wir endlich eine gutsortierte Pharmacie fanden, die das Medikament gegen Reisekrankheit führte. Dabei war mir aufgefallen, dass die Stadt geradlinig, ja schachbrettartig angelegt war, was in marokkanischen Städten absolut unüblich war. Smail klärte mich auf: »Ein Gefangener, ein französischer Architekt, konzipierte diese Anlage.« Vor uns stand ein bescheidener Mann, der jeden Apotheker in Europa zur Aufgabe seines Berufes veranlasst hätte. Er wollte eine Arznei in blau-weißer Schachtel. Wofür? Nein, das wusste er nicht. Mit einer Engelsgeduld

Der Hafen von Essaouira

stapelte er blau-weiße Packungen auf den Tresen. »Die sind zu flach«, sagte der Mann. Im Inneren müsse eine Glasflasche sein. Jetzt wurden Tinkturen aus den Regalen genommen. Auch das war falsch, Tabletten wären es, die außen süß und innen bitter schmecken. Erneut wurden Pillen vor ihm aufgetürmt. Schließlich entschied er sich für ein Erzeugnis. »Das gibt es aber auch als Pulver«, murmelte er, »das nächste Mal möchte ich das als Pulver haben«, und stapfte zufrieden von dannen. »Einmal gelb-grün bitte«, sagte Smail mit ernster Miene und die ganze Apotheke lachte schallend.
Gut gelaunt machten wir uns auf den Weg zum Parkplatz, wo unser Fahrer, der inzwischen seinen Onkel besucht hatte, auf uns wartete. »Ist ja wie bei Dir im Lokal, wenn die Vegetarier kommen: ›Ich möchte gerne das Wiener Schnitzel, aber bitte ohne Fleisch‹«, scherzte Smail, als wir am Hafen um die Ecke

[14] Medina = Altstadt

bogen. Plötzlich peitschten Schüsse. Bevor ich die Situation begriffen hatte, stieß er mich hinter einen Pfeiler, deckte mich mit seinem Körper ab und griff instinktiv an seine rechte Seite, wo ansonsten seine Dienstwaffe hing. Es war das Werk von Sekunden. Aber sofort wich die Spannung aus seinem Körper und er zog mich ins Freie. »Das konnte ja nicht sein«, rief er erleichtert und deutete auf die Scheinwerfer, zwischen denen ein Kameramann umherschlich. Jetzt sah auch ich den Tongalgen und wurde ruhiger. Man drehte einen Film. Trotzdem war ich irritiert. Im Ernstfall hätte Smail eben sein Leben für mich riskiert. Irgendwann hatte er mal beiläufig geäußert: »Für einen Freund gibt man sein Augenlicht, sagt man hier.« Mir wurde bewusst, wie wertvoll unsere Freundschaft ist für uns beide. Und wie ehrlich.
Etwas gnatterig, aber neugierig näherten wir uns dem Set, doch der Regieassistent stellte sich uns in den Weg. Ob ich Deutscher sei, wollte er wissen, und ob wir für die Szene noch einmal über den Platz laufen würden. Ja? Dann müssten wir, wenn das Auto bremst, zügig losgehen, ich sollte einen deutschen Satz sagen und Smail so tun, als verstünde er mich nicht. Klappe. Quietschend bremste eine schwarze Mercedes-Stretch-Limousine. Über uns schwebte der fusselige Mikrofon-Fiffi. Ich redete, Smail zuckte mit den Achseln und schüttelte den Kopf, das Auge der Kamera folgte uns im Bogen um das Auto, fuhr dann zurück, um den aussteigenden Hauptdarsteller einzufangen. »Gestorben«, rief der Regisseur und wir waren entlassen. »Was hast Du eigentlich gesagt«, fragte Smail. Ich grinste: »Und Schreck befiel die Klapperschlangen, als ihre Klappern schlapper klangen.« Er boxte mich in die Seite. »Crazy, aber es passt irgendwie.«
Unser Fahrer wartete schon. Sein Onkel hatte ihm einen Beutel mit Früchten mitgegeben, die er mit uns teilte, während wir von unseren Erlebnissen berichteten. Dann trat er aufs Pedal, Said, der exzellente Fahrer. Es wurde ein gespenstischer Flug durch die Nacht. Schlimm war das Tempo, bei dem der Wagen in der Dunkelheit den Bodenkontakt zu verlieren schien. Schlimmer, dass oft überholt werden musste, was vorrangig vor uneinsehbaren Kurven passierte, wobei Said stets die Scheinwerfer mehrfach kurz aufblendete, um den Gegenverkehr zu warnen, dass er gleich um die Ecke gebrettert käme. Am schlimmsten aber war für mich, dass ich mit meinen Ängsten alleine war. Smail neben mir schlief fest. Immerhin hatte er einen strammen Dienst hinter sich von sechs bis vierzehn Uhr und einen anstrengenden Ausflug. Mal kauerte er in der Kutscherstellung vornüber, mal hing sein Kopf leise röchelnd nach hinten, dann lehnte er rechts rumpelnd an der Türscheibe, bis ein Schlagloch ihn an meine Schulter warf. Und immer wieder dasselbe Prozedere vor der nächsten Serpentine: Gas geben, linke Spur, aufblenden. Rechts tief unter uns schäumte der Atlantik. Mich beruhigte ein wenig, dass wir bisher keinen Gegenverkehr gehabt hatten. »Whenever, whereever«, klang es aus dem Radio, als wir mit einhundertzehn Sachen ein blaues Taxi überholten. »Oh, Shakira«, flüsterte Smail und sah mich mit verschlafenen Augen an. In diesem Moment blinkte es grell von vorne. Ich krallte mich in die Polster. Sekunden später rasten wir hinter der Biegung auf den Leuchtturm von Cap Rhir zu, dessen tastende Lichtbündel den Schiffen den Weg in den Hafen wiesen nach Agadir

oder Essaouira. Der Leuchtturm war keine dicke rotgeringelte Bertha, sondern ein spitzes verputztes Gebäude und ähnelte damit den Leuchttürmen, die ich als Kind aus feuchtem Ostseesand formte. Deren Schicksal war es, entweder aus Trockenheit zusammen zu rieseln, oder aber von den Wellen aufgeleckt zu werden. Dieser leibhaftige hier tat seinen Dienst. »Ob die noch einen Leuchtturmwärter brauchen«, fragte ich Smail, »ich wäre so gerne der Leuchtturmwärter auf Cap Rhir.« »Das geht nicht«, entgegnete er, »ich hab keine Fahrerlaubnis und kann Dir keinen Tagine bringen, kein Obst und kein Brot. Was soll aus Dir werden? Such Dir lieber was in Agadir.« Dann nickte er wieder ein.
Leise stieg ich an der Kreuzung aus. Ich hielt den Zeigefinger an die Lippen und Said, der Fahrer, tat ein gleiches, als ich vorsichtig die Tür zudrückte. »Lass ihn schlafen.« Durch das Fenster wollte ich ihm wenigstens ein Benzingeld zustecken, doch er lehnte entschieden ab. Behutsam mit schleifender Kupplung ließ er den Wagen davonrollen, so, wie es exzellente Fahrer tun.
Ich streckte mich, genoss die herrliche Luft und den klaren Sternenhimmel und musste an Max denken, den ich nie bellen gehört habe.

Von Hammeln und Weihnachtsmännern

Ein hoher Staatsgast war nach Agadir gekommen. Der König konferierte mit ihm in einem der prachtvollen Hotels. Alle Polizeikräfte waren im Vierundzwanzig-Stunden-Einsatz. Smail stand mit einer Kollegin auf der großen Kreuzung am Hafen, wo die Sonne unbarmherzig brannte. Heute wollte er mir eigentlich etwas Besonderes zeigen, doch daraus schien nichts zu werden. Also döste ich nachmittags auf der Terrasse vor mich hin, als das Telefon klingelte: »Komm mal gleich ins Café Founty, ich habe drei Stunden Pause bis zwanzig Uhr«, sagte er. »Leg doch lieber die Beine hoch«, entgegnete ich, »Du bist bestimmt müde von der Hitze und morgen ist auch noch ein Tag.« »Nein ich bin nicht müde. Du musst etwas sehen, was ich noch keinem gezeigt habe.« Smail tat sehr geheimnisvoll.
Der Wirt vom Founty packte uns ein paar saftige Obsttörtchen ein und erfuhr dabei von Smail, was er mit mir vor hatte. »Moment«, rief er, und drückte mir mit Verschwörermiene eine Flasche Wasser gratis in die Hand, »der Weg ist weit und staubig.« Beide weideten sich an meiner Ahnungslosigkeit. »Siehst Du, so sind die Leute von Quarzazate«, sagte Smail mit diebischer Freude. Man merkte, dass er sein Geheimnis kaum noch für sich behalten konnte. In einiger Entfernung stand ein Polizist. »Das ist ein Freund von mir von der Polizeischule«, flüsterte er mir ins Ohr, »frag ihn mal nach dem Weg zu McDonald's. Wir machen einen Spaß!« Er zückte sein Telefon und sofort war er hinter einem parkenden Auto verschwunden. Unschlüssig verlangsamte ich meinen Schritt, denn Scherze mit Uniformierten fand ich nun doch ein wenig heikel. Da tauchte sein Kopf kurz auf, wie der Hase im Kohlfeld: »Frag ihn, frag ihn!«
Mein grenzenloses Vertrauen in Smail war nie enttäuscht worden, auch nicht, als wir vor einiger Zeit in einer winzigen Bratküche am Stadtrand eine Spe-

zialität probierten, die es nur dort gab, und dabei gründlich aneinander vorbei geredet hatten: »Es ist aber Hackfleisch mit Eiern«, erklärte Smail, »vom Hammel.« »Ja, das machen wir ähnlich«, entgegnete ich. »Glaube ich nicht«, zweifelte mein Freund. »Doch, ganz bestimmt«, beharrte ich, »Eier machen den Teig lockerer.« Es war eine echte Delikatesse. Als wir die Teller geleert hatten, fragte Smail: »Stimmt das wirklich? Machen Hammelhoden den Teig lockerer?«

Ich wagte es also. Bereitwillig gab der Polizist Auskunft. Sein Handy unterbrach ihn. Er entschuldigte sich, nahm das Gespräch an und blickte plötzlich ganz verdutzt. Da sprang Smail lachend aus seinem Versteck, die Männer alberten herum und nun wusste auch der Kollege, wohin uns der Weg führen sollte.

Wir durchquerten eine große Baustelle. Dabei erläuterte mir Smail, wie man in Marokko baut, nämlich Schritt für Schritt: »Zuerst kauft man das Land und errichtet darauf eine Garage oder Lagerräume, die man vermietet. Lager sind sehr gefragt. Von diesen Einnahmen setzt man dann eine Wohnung oben drauf und zieht dort ein. Nun spart man ja die eigene Miete und kann eine weitere Wohnung aufstocken, die wiederum Miete einbringt, mit der die Kredite getilgt werden können. Die Fertigstellung kann sich also ein wenig hinziehen. Wichtig ist nur, dass der Rohbau gut durchregnet, damit die Wände bei der Trockenheit keine Risse bekommen. Klingt einfach, ist aber trotzdem stressig. So wächst langsam ein neues Stadtviertel und die Lücken schließen sich. Weißt Du, wo wir jetzt sind?« Mitten auf einer endlosen hügeligen Wiese, von der aus man den Atlantik sehen konnte, beendete Smail seinen Vortrag. Ich antwortete ungenau und schulterzuckend: »In Marokko?« Er nickte heftig und zirkelte mit den Fingern ein Areal ab. Mit leuchtenden Augen sagte er stolz: »Jurrgen, hier baue ich mein Haus.« Das also war sein Geheimnis. Ich nahm ihn in den Arm: »Toll, Glückwunsch!« In Gedanken klapperte ich schon die Baumärkte ab nach Mischbatterien und allerlei nützlichen Dingen, mit denen ich ihn vielleicht unterstützen könnte. »Manning«, sagte ich, »da hast Du aber ein schönes Stück Arbeit vor Dir.« Glücklich entgegnete er: »Kein Problem mit Allahs Hilfe, gestern habe ich den Vertrag unterschrieben. Der König hat ein Bauprogramm auflegen lassen mit günstigen Konditionen, bei dem Monsieur Bicha die Federführung hat. Da habe ich zugegriffen. Ich kann sehr bescheiden leben und den Gürtel enger schnallen für meine Zukunft. Das Haus ist eine neue Basis für mein Leben. So, und nun trete bitte ein, aber heb die Füße, damit Du nicht über den Teppich im Flur stolperst.« Starr blieb ich stehen. Verunsichert und mit ausladender Geste wiederholte Smail seine Aufforderung. »Aber Du musst doch erst die Tür aufschließen«, sagte ich vorwurfsvoll, »auch wenn es ein Haus ohne Haus ist.« Beflissen öffnete er die imaginäre Pforte und bat mich, es mir bequem zu machen. Ich sah das Wohnzimmer traditionell eingerichtet mit einer an drei Wänden umlaufenden von glänzendbestickten Kissen belegten Sitzgruppe, wie im alten Hause seiner Großmutter. »Erstmal hole ich uns was zu trinken aus dem Kühlschrank«, schlug ich vor. »Was willst Du denn in der Dusche«, korrigierte mich Smail, »die Küche ist doch dort.« »Na Händewaschen«, entgegnete ich. Das taten wir mit dem geschenkten Wasser des Mannes aus Quarzazate, dann setzten wir uns ins kratzige Gras und schnabulierten die mitgebrachten Törtchen und tranken dazu den Rest aus der Flasche Sidi Ali. »Hoffentlich habe ich Dir nicht den Teppich vollgekrümelt«, entschuldigte ich mich ganz ernst. Smail ließ sich lachend auf den Rücken fallen: »Jurrgen, Du bist noch verrückter, als ich, jetzt knipse ich ein Bild von Dir.« Er stellte meine Digitalkamera ein, doch der Chip war voll, so dass er ihn wechseln musste. »Sind alte Aufnahmen«, rief ich, »kannst Du löschen.« Piepsend zappte er die Bilder durch. »Wer ist das«, fragte er verwundert.

Das sinkende Sonnenlicht zerschmolz am Horizont zu Pfirsichcreme mit einem herben Hauch von Meeresbrise.

Auf dem Foto waren fünf weißvermummte Gestalten mit spitzen Hüten in nächtlicher Szenerie zu sehen, die zu einem aus vorchristlicher heidnischer Zeit stammenden Weihnachtsbrauch gehörten, welcher nur noch in meinem Heimatort Buchholz gepflegt wurde: Schimmelreiter Wotan, Spitzkopp, Peitschenknaller, Ziegenbock und Kniepderdax. Interessiert lauschte Smail meinen Erläuterungen: »Die Truppe zieht am Heiligabend lärmend durchs Dorf, um böse Geister zu vertreiben und macht Jagd auf Leute, die sich noch im Dunkeln auf die Straße trauen. Wer erwischt wird, der wird mit Peitsche und Ziegenhörnern traktiert und der Kniepderdax kneift ihn mit seiner großen Holzzange ins Bein. Ziemlich derbe Sache. Das gibt blaue Flecke. Eigentlich hatte meine Mutter mir abgeraten, Dir das Bild zu zeigen. Sie meinte, Du könntest es für den Klu-Klux-Clan halten und schockiert sein.« »No«, rief Smail mit erhobenen Händen, »sage bitte deiner ehrbaren Mutter, dass Smail nicht geschockt ist. Weißt Du, was hier beim Hammelfest abgeht? Da verkleiden sich die jungen Männer mit den gereinigten Fellen der geschlachteten Tiere, maskieren sich mit den Hörnern und erschrecken auch die Kinder. Crazy. Jede Familie bereitet sich einen Hammel zu. Ein paar Tage vorher treiben die Händler die Tiere durch die Straßen der Stadt, um sie im Souk zu verkaufen. Von dort bringen die Leute sie dann nach Hause, entweder im Kofferraum, auf das Autodach gebunden oder zu Fuß, wobei sie manchmal ausreißen und bei rot über die Kreuzung rennen. Chaos.« »Und dann kriegt das Schaf einen Strafzettel von Dir«, unterbrach ich ihn. »Auf jeden Fall«, fuhr Smail fort, »aber nur wenn es ein Nummernschild am Hintern hat. Manchmal helfen wir, es wieder einzufangen. Letztes Jahr war ich bei meinen Eltern in Rabat. Mein Vater hatte einen prächtigen Hammel ausgesucht und im Hof auf der Terrasse angetüdert. Ich habe ihm immer etwas Futter und Wasser gebracht, aber er war so biestig, dass er mit den Hörnern den Wasserhahn abgebrochen hat und noch bevor ich den Haupthahn zudrehen konnte, war das ganze Erdgeschoss überschwemmt. Meine Mutter hat sich vielleicht gefreut. Aber ich habe das schnell aufgewischt.« »Als Kind fand ich die Geschichte ziemlich grausam«, warf ich ein, »Abraham sollte seinen Sohn opfern, um damit die Treue zu Gott zu beweisen. Ich hätte an seiner Stelle widersprochen und gesagt, dass er lieber mich nehmen sollte.« Mein Freund nickte ernst: »Ja, das war eine sehr harte Prüfung, aber eben ein Test. Alles ist gut ausgegangen durch die göttliche Weisheit Allahs und deshalb wurde aus dem Opferfest ein großes Freudenfest. Wenn ich zu Hause bin, darf ich den Hammel schlachten und ich habe viel Spaß daran, meiner Mutter beim Kochen zu helfen. Jurrgen, Du kannst Dir nicht vorstellen, was sie alles auf den Tisch zaubert. Tausend leckere Sachen. Dazu allerlei Brot und Naschwerk aus der Bäckerei meines Vaters. Und man hat gute Gespräche mit Angehörigen, die man übers Jahr so selten sieht. Im nächsten Jahr musst Du unbedingt mit uns das Hammelfest feiern.« »Gerne,« sagte ich, »aber es ist doch ein Fest der Familie ...« Abrupt unterbrach mich Smail: »Du bist mein bester Freund und Freunde gehören zur Familie. Vielleicht ist mein Haus im Frühling schon fertig, inch Allah, und dann feiern wir es hier.« »Jau«, sagte ich hinter mich auf die Grasnarbe deutend, »und ich mache da in deiner Küche ein paar Salate.« »Unbedingt«, bekräftigte Smail. Mit ausgebreiteten Armen schien er träumend an einer überladenen Festtafel zu sitzen: »Da drüben können wir den Hammel anbinden«, befand er mit einem kurzen Blick auf seine Armbanduhr. In einer halben Stunde musste er seinen Dienst fortsetzen. Wir erhoben uns und wie auf Kommando öffnete der Himmel seine Schleusen. Es pladderte aus allen Rohren. »Vergiss nicht, abzuschließen«, ulkte ich. Doch Smail stand auf dem Fleckchen Erde, das ihm nun gehörte. Nie sah ich je einen glücklicheren Menschen. Er schaute nach oben. Der Regen rann über sein Gesicht bis in die Socken und ich weiß nicht, mit wem er sprach, als er leise sagte: »Wird höchste Zeit, dass hier ein Dach drüber kommt.«

David Bowie und das Huhn auf der Waage

Smail schwenkte einen Beutel mit Karotten, Schoten und rötlichen Kartoffeln: »Heute ist Picknick«, rief er, »fehlt bloß noch ein Huhn.« Wir stiefelten los und nahmen eine Abkürzung über unbebautes Gelände zwischen den Wohnhäusern. Dort stand ein Kamel. Es schaute etwas hochnäsig, ließ sich aber von mir am Kinn kraulen. Die Haut dort war nicht etwa weich, wie bei einem Pferd, sondern fühlte sich hart und stachelig an. »Wollen wir nicht mal reiten«, fragte ich, doch Smail hob abwehrend die Hände: »Nein, dangerous! Das ist gefährlich. Kamele sind rachsüchtig und hinterlistig. Sie haben ein Langzeitgedächtnis für alles Schlechte, was ihnen mal angetan wurde und das lassen sie dann an Dir aus, wenn sie merken, dass Du nicht sattelfest bist.« Er hakte mich unter und führte mich in Schlangenlinien durch den sechsspurig zäh fließenden Verkehr der Avenue Hassan II. Mir wurde angst und bange dabei. »Autofahren ist noch gefährlicher«, bemerkte er zwischendurch, »das sehe ich jeden Tag auf Arbeit. Deshalb würde ich auch nie eine Fahrerlaubnis machen.«

Er steuerte auf eine kleines, bis unter die Decke gefliestes Geschäft in der Nähe seiner Wohnung zu. Auf dem Ladentisch befand sich, neben Gläsern mit Gewürzen, eingelegten Oliven und gesalzenen Zitronen, eine altertümliche Waage als Insignie des Kaufmannsstandes. Auf frischem Einstreu von Hobelspänen hoppelten dahinter ein paar Kaninchen, schnatterten Enten und scharrten weiße Hühner. Der Verkäufer und Smail machten sich zwischen den

Geflügelhandlung in Agadir

aufgescheuchten Tieren in dem Pferch zu schaffen. Jeder hielt zwei kopfunten baumelnde Hühner in Händen, hob sie abwechselnd in die Höhe, bis schließlich das richtige gefunden zu sein schien. Es wurde auf die Messingschale der Waage gesetzt und eine Vielzahl von Gewichten aufgelegt. Geduldig hockte es auf seinem schwankenden Platz, fuhr auf und nieder und ließ bei jedem Gewicht ein lautes »Gooorck« ertönen. Kaum hatte Smail zustimmend genickt, verschwand der Mann hinter einer spanischen Wand, schlachtete und rupfte es, nahm es aus und zerlegte es in Tranchen. »Bitte gleich die Haut abziehen«, rief Smail ihm fröhlich zu. So machte Einkaufen Spaß.

Nachdem wir das Auto mit Kissen, Decken, Geschirr, Mineralwasser in Zweiliterflaschen, Holzkohle und Lebensmitteln beladen hatten, machten wir uns auf den Weg in Richtung Tiznit. Zwanzig Kilometer vor der Stadt der Silberschmiede gruppierten sich die nur von der Moschee und einem Wasserturm überragten Häuser von Sidi Rbat um die Ausläufer eines Sees in einer sattgrünen Talsenke. Dahinter, nur etwa tausend Schritte vom Atlantik entfernt, begann das Naturschutzgebiet. Der freundliche Wildhüter hatte uns sein Fernglas geliehen, so dass wir beobachten konnten, wie die Flamingos erhaben durchs seichte Wasser des Sees stakten und ihre Hälse ringelten. An einer Stelle am anderen Ufer, wohin sich ein Halteseil für ein kleines Fährboot spannte, brach ein Warzenschwein aus dem Schilf hervor und soff genüsslich.

Inzwischen hatten wir im Schatten der den Olivenbäumen verwandten Arganien unser Lager aufgeschlagen, das Kohlebecken angezündet und damit begonnen, das Essen zu bereiten. Dabei blieben wir nicht unbeobachtet. Von der Zinne des im maurischen Stil errichteten Gebäudes der Parkverwaltung schaute eine Elster unablässig in unsere Richtung. Bald darauf bezog die rotbunte Katze des Wildhüters eines unserer Kissen. Ich taufte sie auf den Na-

Überlebenskünstler seit über achtzig Millionen Jahren: Die Arganie

men David Bowie, denn sie blickte mit zwei verschiedenfarbigen Augen auf unsere Kocherei. Mir oblagen Erbsenpuhlen, Zwiebelschälen und Gemüseputzen: Kartoffeln achteln, Karotten fein stifteln, Zwiebeln würfeln. Smail amüsierte mein tränenverschmiertes Gesicht. »Hier, sauer macht lustig«, sagte er und hielt mir eine eingesalzene Zitrone unter die schniefende Nase. »Das ist etwas Besonderes«, erklärte er. »Man schneidet Zitronen an beiden Enden über Kreuz tief ein, stopft sie fest mit Salz voll, übergießt sie mit etwas Öl und lässt sie in einem verschlossenen Glas ein paar Wochen liegen. Dann schabt man das strähnig gewordene Fruchtfleisch heraus und verwendet nur die glasige Schale, roh oder gekocht.« Er schob mir ein Stückchen in den Mund. »Schmeckt wie Salzgurke«, sagte ich und dachte an Rinderrouladen. Als er das Hühnerfleisch mit Zitronensaft abgerieben und mit Wasser abgespült hatte, verrührte er allerlei Gewürze mit Öl, um das Geflügel damit zu marinieren.
»Bestes Arganienöl«, sagte er und deutete auf die Bäume, »das gibt es nur hier. Sehr gesund zum Kochen oder Einreiben. Auch die Naturkosmetik verwendet es für teuere Hautcremes.« Er warf den Kopf in den Nacken und lachte. »Die Ziegen helfen bei der Ernte.« Er wollte sich ausschütten vor Lachen. »Die Ziegen klettern bis in die höchsten Spitzen der Bäume, um die Früchte zu fressen. Aus den unverdaulichen Kernen wird dann das Öl gepresst. Man braucht dreißig Kilo Früchte, um einen Liter Öl zu erhalten. Das ist ungefähr der Ertrag eines Baumes. Sehr lecker und sehr gesund.« Noch immer lachend schichtete er alle Zutaten in den Tagine, setzte ihn aufs Feuer und schloss den Deckel.
»Arganien gibt es seit 25 Millionen Jahren«, fuhr er fort. »Die UNESCO hat sie unter Schutz gestellt, weil sie vom Aussterben bedroht sind. Sie werden bis zu zweihundert Jahre alt und ihre Wurzeln bohren sich bis zu dreißig Meter

Picknickgast ›David Bowie‹

tief in die Erde, um an Wasser zu kommen. In Trockenzeiten stellen sie sich tot, werfen ihr Laub ab und überleben so ein paar Jahre. Weil die Reife länger als zwölf Monate dauert, tragen sie in regenreichen Jahren meist Blüten und Früchte von vier Generationen. Es wird fast alles verwendet. Das getrocknete Fruchtfleisch und die ausgepressten Ölkuchen werden an das Vieh verfüttert. Als Heizmaterial zum Anrösten der Kerne dienen die harten Schalen. Durch Mahlen und Kneten tritt dann das Öl aus. Die Frauen der Kooperativen brauchen acht Stunden, um einen Liter Öl herzustellen. Alles schwerste Handarbeit. So, jetzt können wir relaxen«, sagte er und hängte den Beutel mit den herausragenden Baguettes neben meine Tasche an den Baum. Durchs Fernglas sahen wir Ziegen in den Arganien herumturnen. »Sie haben keinen Respekt vor der UNESCO«, meinte ich und stellte mir vor, wie bei uns die Schweine schmatzend die Wipfel der tausendjährigen Ivenacker Eichen kahl fraßen.
Wir räkelten uns zu David Bowie auf die Decke. Durch die Zweige blinzelte die Sonne. Leise quackerte der Schmortopf. Die Katze schnurrte. »Keine Autos, kein Benzingestank, kein Radiofon«, murmelte mein Freund zufrieden. Birrrr machte es. Frau Elster hatte ihre Zinne verlassen und war auf meiner Tasche gelandet. Verliebt pickerte der diebische Vogel an der blanken Gurtschnalle herum. »Ist die aber dumm«, entfuhr es mir, »stürzt sich auf den Glitzerkram, anstatt sich über die Baguettes herzumachen.« »Vielleicht ist sie clever und weiß, dass sie nachher trotzdem was abbekommt,« entgegnete Smail, »oder sie ist reich, hat verlernt, das Brot zu schätzen und denkt, dass sie für Gold alles kaufen kann.« »Dann ist sie also doch dumm«, wandte ich ein, »Gesundheit kann man nicht kaufen ...« »Und Freundschaft auch nicht«, unterbrach mich Smail und drehte sich auf meine Seite. »Mir ist neulich was pas-

siert. Der Chef von dem Bistro, wo ich immer meinen Kaffee trinke, parkte im Halteverbot. Weil es nur ein paar Minuten waren, habe ich ihn belehrt und laufen lassen. Am nächsten Tag hat er mir einen Kaffee spendiert, na gut. Vergangenen Sonnabend war ich in seinem Lokal zum Abendessen. Als ich bezahlen wollte, sagte er, ›das geht aufs Haus‹. Ist zwar lieb gemeint, aber ich wollte das nicht und hab ihm das Geld auf den Tisch gelegt. Jetzt gehe ich da eine ganze Weile nicht mehr hin und trinke meinen Kaffee im Founty. Ich mag das nicht! Magst Du so was?« »Nee«, antwortete ich, »aber das ist eben der Fluch der guten Tat. Und der Bestrafte bist Du, denn die machen da nämlich den allerbesten Krabbencocktail von ganz Agadir. Wenn Du das man weißt«, stimmte Smail mit einer nach oben weisenden Geste zu, »und jetzt kommt über uns noch der Fluch von Hitchkocks Vögeln.« Tatsächlich saß der ganze Baum über uns voller Elstern.

Von seinem Händeklatschen ließen sich die schwarz-weiß gefiederten Gesellen nicht aufscheuchen, sie drehten gelangweilt die Köpfe.

»Vor vielen hundert Jahren gab es einen kriegerischen und räuberischen König, der eine Elster in seinem Wappen führte, welche einen Skorpion in den Krallen trug«, fing ich an, zu erzählen. Smail drehte sich auf den Bauch. »Endlich eine von Jurrgens Geschichten«, sagte er, schmiegte seine Wange an die vor dem Kopf verschränkten Arme und schloss die Augen.

»Der König war ein Tyrann«, fuhr ich fort. »Wo auch immer sein Banner auftauchte, trug es Tod und Verzweiflung in die Länder, Städte und Dörfer zu den Menschen. Eigenhändig segnete er Schilde und Schwerter seiner Söldner, indem er sie mit den Lippen berührte. Er tötete, plünderte, raffte unermessliche Reichtümer zusammen. Niemand wagte es, sich gegen ihn zu stellen. Im Schutze der Wälder unterhalb des Berges, auf dem uneinnehmbar sein prächtiger Palast thronte, hauste in einer halbverfallenen achteckigen Hütte ein altes zotteliges Weib mit Namen Arachna, das des Spinnenzaubers kundig war. Arachna stand in dem Ruf, Gebrechen heilen zu können und so brachten ihr die Menschen Gegenstände, die der Kranke berührt hatte. Ihre Formeln sprechend nahm sie diese in die Hand, und sobald sie unerträglich heiß wurden, wusste die Alte, dass den Leidenden Hilfe zuteil werden würde. Eines Tages kamen Leute zu ihr aus einem vom grausamen König überfallenen Land. Vier Wochen hatte ihre gefährliche Reise gedauert. Sie brachten ihr den Schild eines gefallenen Soldaten und flehten sie an, die Macht des tyrannischen Herrschers zu brechen. Arachna nahm all ihre Kraft zusammen, legte ihre Hand auf das Bildnis der Elster, doch sie vermochte nichts gegen den König. Ihre Hand blieb kalt. So glitt sie tiefer auf den Skorpion und sprach:

›Lass bitte schlafen mich, mein Herz,
ich treibe durch das Reich der Spinnen,
sie sind's, die mich halten mit haarigen Beinen,
sie lassen mich sieben Sommer beweinen,
sie spielen mit mir, sie lassen mich gewinnen,
im Traum lebt Angst nur, ist kein Schmerz,
lass bitte schlafen mich, mein Herz.‹

Der Elsterprinz

Kaum dass sie ihren Spruch vollendet hatte, brannten sich die Konturen des Skorpions tief in ihre Haut. Sie fiel in einen tiefen Schlaf, der sieben Nächte dauerte und verstarb am Morgen des achten Tages. Von Stund an passierten im Palast seltsame Dinge. Der Sohn des Königs war verschollen. Wohl hörte man seine Schritte in den Gängen, spürte seine Anwesenheit, doch niemand bekam ihn je mehr zu Gesicht. Alle wussten es, auch der König, dass der Fortbestand der bösen Dynastie gebrochen war. Und so wütete der einsame Despot noch schlimmer. Acht Jahre lang zog er noch marodierend durch die Lande, bis der König des Nachbarlandes seiner Schreckensherrschaft ein Ende setzte, ihn im Kampf tötete und seine Festung zerstörte.
Als der Kampfeslärm verklungen war, zog der siegreiche neue König, umjubelt vom befreiten Volk, mit großem Geleit in das Land, um seiner Tochter die Besitzungen zu zeigen. Doch die Prinzessin konnte sich nicht freuen. Traurig strich sie durch die zerschossenen Gemächer des einstmals feindlichen Palastes. Sie vermeinte, noch überall das Schwerterklirren zu hören und das Stöhnen der Sterbenden und senkte demutsvoll ihren Blick. Zu ihren Füßen lag ein silberner Dolch, reich geschmückt mit Turmalinen, feingeädertem Lapislazuli und braunen Karneolen. Doch plötzlich erkannte sie, dass es ein Skorpion war und dieser sprach zu ihr: ›Ich bin der verwunschene Sohn des Königs und büße für die Untaten des Alten. Nur Ihr könnt mich erlösen. Bitte tötet mich.‹ Großes Mitleid erfasste die junge Frau. Sie hob den Skorpion auf ihre Handfläche und küsste seinen glänzenden Panzer. Darob erschrak er derart heftig, dass er den giftigen Stachel zückte und ihn tief in seinen Leib bohrte. ›Was hast Du getan, Du törichtes Ding‹, schalt der Vater und schlug ihr das Tier aus der Hand. ›Kennst Du den Spinnenzauber denn nicht?‹ Und noch bevor er den sich im Staube windenden Skorpion zertreten konnte,

verwandelte sich dieser in eine Elster, schüttelte das Gefieder und flog krächzend von dannen.«

»Den Spinnenzauber gibt es nicht wirklich«, wollte Smail wissen, als er den Tagine zwischen uns plazierte und den Teekessel in die Glut stellte. »Nicht mehr«, antwortete ich, »weil ich nämlich eben sein Geheimnis ausgeplaudert habe, ist er erloschen.« Er knuffte mich in die Seite: »Du kannst Dein Geld auch leichter verdienen, als Märchenerzähler auf dem Gauklerplatz in Marakech.« »Du aber auch«, nuschelte ich mit vollen Backen, »und zwar als Koch. Es schmeckt überirdisch. Hast Du die Rezepte von Deiner Großmutter?« Mein Freund nickte mampfend: »Und von meiner Mutter. Kochen ist etwas Schönes und Essen erst recht. Ich mag kein Fast-food.« Er warf etwas Brot zu den Elstern, die den Baum verlassen hatten und fast bewegungslos unsere Picknickinsel umstanden. Sie stritten nicht um die Beute, hatten auch keine Furcht vor der rotbunten Katze, der ich ein paar Knorpel hinhielt. David Bowie schien Gesottenes zu bevorzugen und würdigte die Vögel neben sich keines Blickes. Als Hausgenosse des Wildhüters musste er wissen, dass man sich an ihnen nicht vergreifen durfte im Naturschutzgebiet. Kaum dass wir aufgegessen hatten und Smail den Tee zelebrierte, ihn schäumend aus großer Höhe in die kleinen Gläser pladdern ließ, krächzte eine der Elstern. Küchenschluss. Wie auf Kommando schwirrten alle davon. Nur die Katze blieb, rollte sich zwischen uns und wollte gestreichelt werden.

Das Picknick ist eröffnet!

Seilfähre bei Sidi Rbat

Die Sonne sank. Smail hatte mitbekommen, dass ich seinen Blick zur Uhr bemerkt hatte. »No, no, no«, beschwichtigte er, »trink in Ruhe aus.« Er musste um 20.00 Uhr zum Dienst. Immer erstaunte mich sein perfektes, fast preußisches Timing, das nie Hektik aufkommen ließ. In einiger Entfernung hielt ein Kleinbus mit Touristen. Die Leute stiegen aus, pinkelten in die Büsche, warfen einen kurzen ehrfurchtsvollen Blick auf den Flamingosee, stiegen wieder ein und entfernten sich, eine Staubwolke hinterlassend. Beide hatten wir den selben Gedanken: Sie sehen viel, aber eigentlich sehen sie gar nichts. Wir packten zusammen, fuhren zurück nach Agadir und pünktlich stand der Zauberer in voller Montur auf seiner Kreuzung.

Vom Swimmingpool her schallte Musik: »Maja-hi-maja-haha ...« Seit einer Stunde trieben die Animateure die Gäste zum selben Lied über die nächtlichen Terrassen. Über mir in der Bar ratterte trommelnde Folklore. Mir brannte das Gesicht von der Sonne. Während ich es, auf der Bettkante hockend, mit dem heilsamen Arganienöl einrieb und schmunzelnd daran dachte, dass mein Freund für diese Zwecke meine ostdeutsche FLORENA-Sonnenmilch bevorzugte, klingelte das Telefon. »Jurrgen? Ca va? Ich stehe hier draußen an der Zementfabrik. Ist nix los. War ein schöner Tag. Ich denke die ganze Zeit über Deine Geschichte nach. Das Ende ist offen, aber das Böse muss unterbrochen werden. Ich finde, der Prinz sollte die Prinzessin heiraten. Schlaf gut.«

In dieser Nacht flog der zur Elster verwunschene Königssohn zum Schloss der lieblichen Prinzessin und ließ sich auf einer Zinne nieder. Er fand sie bitterlich weinend unten im Hof und ihre Tränen fielen in den Brunnen. Da stieß er hernieder, trank von dem Wasser und fühlte, dass etwas Seltsames vorging in

ihm. Endlich sprach sie die erlösenden Worte: »Maja-hi, maja-haha«, so dass der Vogel seine Federn verlor und sich verwandelte. In einen Skorpion!
»Pardon Monsieur«, sagte die Zimmerfrau, die mittags halb zwölf vor meinem Bett stand, »ich komme später wieder.« »Nein, warten Sie«, rief ich noch total verschlafen. »Sagen Sie bitte, muss der Prinz immer die Prinzessin heiraten?« »Oui, selbstverständlich Monsieur«, antwortete sie mit einem schelmischen Blick in ihren dunkeln Augen. Verlegen kichernd schloss sie im Gehen die Tür. »Aber wenn er ein gutes Herz hat, heiratet er mich.«

Gretchenfrage im Hamam

Eigentlich hatte ich wenig am Hut mit Fußball. Smail wusste das. Vom Sofa aus könne man keinesfalls die Partie Spanien gegen Deutschland entspannt verfolgen, meinte er. Daher schleppte er Decken und Kissen herbei, mit denen wir uns auf den Boden seiner kleinen Wohnung lümmelten und stellte einen Teller mit Krichletes zum Knabbern zwischen uns. Gleich nach dem Anpfiff gestand er, dass er wirklich immer der deutschen Mannschaft die Daumen drücke, aber ich möge entschuldigen, dass er heute für Spanien sei. Kurz vor der Halbzeit stand er auf, wusch sich im Bad und ging ins Schlafzimmer, um sein Gebet zu verrichten. Dann türmte er Papiere auf den Tisch. »Meine Hausaufgaben«, sagte er, »ich muss die Knöllchen von dem kleine Zettelblock auf große Formblätter übertragen.« Sorgsam zirkelte er von rechts nach links die arabischen Schriftzeichen in die Kästchen der Formulare. Stand er am Anfang des Wortes, in der Mitte, am Ende oder isoliert: Jeden Buchstabe des Alphabets gab es in vier Varianten, abgewandelt durch Häkchen oder Punkte. Vierundvierzig Strafmandate an der Zahl galt es zu bearbeiten. »Keine deutschen Wohnmobilisten dabei«, fragte ich. »Doch, der letzte hier«, antwortete er. »Neunzig bei dreißig in der Baustelle. Aus Stukktgarrt. Aber der war nicht vom VFB.« Pünktlich zum Ende der Pause war er fertig mit den Schreibarbeiten. Das Ende des Matchs hingegen sahen wir dennoch nicht, es schien festzustehen und der Fortgang in den letzten Minuten nicht mehr zu interessieren. Mein Freund warf Handtücher, Seife, T-Shirts und andere Badeutensilien in eine kleine Reisetasche und sagte: »Wir gehen jetzt in den Hamam. Vorher müssen wir aber noch eine Hose für Dich kaufen.«
Unten auf der Straße fiel ihm ein, dass er etwas vergessen hatte. Er schob mich aus dem dunklen Hauseingang, der zwischen Hassans Hähnchenbraterei und einem Café, von dessen Decke dichtgedrängt Bananenstauden hingen, lag, unter die nächste Laterne und verschwand für ein paar Minuten mit geschulterter Tasche. Die grau-schwarz gefleckte Katze vor dem Café stand auf drei Beinen und leckte ihr gekrümmtes Pfötchen. Sie würdigte mich keines Blickes. »Miez, Miez«, lockte ich und erschrak. Vor mir stand ein schmuddeliger schmaler, blasser Junge von vielleicht zwölf Jahren. Ich griff in meine Tasche und gab ihm ein paar Münzen. Seltsam lasch fiel er mir um den Hals und nuschelte etwas, wovon ich nur merci und maison, also danke und Haus, verstand. Keine Ahnung, was er von mir wollte. Kaum dass ich ihn mit zir, zir,

Streicheltiere: Lange Wimpern, treue Augen …

geh, fortgedrängt hatte, stand Smail neben uns und der Bursche ging auf Distanz, nachdem sie ein paar Worte gewechselt hatten. Er sei hungrig, meinte der Junge von ferne. »Ich kaufe Dir was zu Essen«, entgegnete Smail. Missmutig schüttelte der Bursche den Kopf und trottete davon. Mein Freund blickte ernst: »Es ist schlimm. Sie schnüffeln Klebstoff oder essen schwarze Schuhcreme auf Brot, um breit zu sein. Einige lungern am Busbahnhof herum und schieben Baguettes in die Auspuffrohre der Überlandbusse, die sich mit Ruß und Benzoldämpfen vollsaugen. Wenn sie die dann essen, sind sie stoned.« Ich war entsetzt. Verglichen mit den halbtoten Junkies in den U-Bahnschächten deutscher Großstädte schien das hier harmlos, war es aber beileibe nicht. Es war das gleiche Elend. Schweigend gingen wir zum Hamam, der nur etwa fünf Minuten entfernt war.

Kein touristischer Wellness-Tempel empfing uns, sondern ein grundsolides Dampfbad, das nur einheimische Männer besuchten. Nackig herumlaufen gehörte sich nicht. Daher zog ich eine derbe, knielange khakifarbene Unterhose mit Doppelnähten und einem arg verwinkelten Eingriff über meinen Slip. Smail hatte sie für mich ausgesucht und schien mit meinem Outfit zufrieden. An die Umkleidezone schlossen sich drei überwölbte Räume mit unterschiedlicher Temperatur an, die man nacheinander zum Schwitzen, Waschen und Relaxen durchlaufen musste, doch das war heute gar nicht möglich, weil kaum noch ein freies Plätzchen zu finden war. Also ließen wir uns im hinteren, dem wärmsten Raum, mit unseren schwarzen Gummieimern nieder, beschöpften uns mit heißem Wasser und sofort trat der Schweiß aus allen Poren. Der sahnefeine Schaum der Walseife tat der Haut gut. Wir schrubbten uns gegenseitig den Rücken und massierten die verspannten Muskeln. »Du musst

Naturschutzgebiet bei Sidi Rbat

Deinen Bart waschen«, sagte Smail und da ich immer träger wurde, rieb er ihn mit Shampoo ein und übergoss mich mit einem halben Eimer klatschenden Wassers. Dann legten wir uns auf den nackten Boden. »Fliesen sind nur hart, wenn sie kalt sind«, bemerkte Smail und freute sich, dass ich mit schläfrigem Blick die wohlige Atmosphäre genoss. Neben uns, kaum auszumachen im wabernden Dampf, der alle Geräusche schluckte, bearbeitete ein kleiner Junge eifrig seinen Vater. Es war irgendwie rührend anzusehen und für den Lütten bestimmt ein besonderes Erlebnis.

Nach und nach schlich sich der Alltag aus dem Körper, was den Kopf wunderbar klar machte. So lagen wir nebeneinander und dösten vor uns hin; die Zeit schien zu schmelzen.

»Warum sagt man eigentlich, dass der Islam aggressiv ist«, fragte ich meinen Freund. »Nein, das stimmt so nicht«, antwortete er, »unser Prophet Mohammed hat doch zu Lebzeiten versucht, dass Juden, Christen und Muslime friedlich zusammen leben können. Geglückt ist ihm das leider nicht. Politik, Macht, Geld und Religion ergeben bisweilen keine gute Mischung, aber das kennst Du ja.« Ich stimmte zu: »Die sinnlosen Kriege, Hexenverbrennungen, Ketzerfolter, alles im Namen Gottes. Gottes Name wird missbraucht und die Leute fallen darauf herein. Aber was ist mit den Selbstmordattentätern und den Verheißungen des Paradieses?« Smail lachte kurz, aber es war ein ernstes Lachen, und zeigte mit dem Finger nach unten: »Direkt in die Hölle. Das sind falsche Muslime. Allah will nicht, dass man Menschen in den Tod reißt. Außerdem ist Selbstmord verboten. Wer selbst Hand an sich legt, wird keine Ruhe finden, weil er nach seinem Tode die Tat immer und immer wiederholen muss. Wer sich erhängt, muss dies jeden Tag tun und auch die, die sich in die Luft sprengen. Bis ans Ende der Zeit. Das ist eine schlimme Strafe. Man darf sein Leben nicht einfach wegwerfen. Denkst Du eigentlich über das Ende der Welt nach?« Ich drehte mich auf die Seite: »Lieber nicht.« Smail sah mir in die Augen: »Irgendwann wird es kommen. Es wird schnell gehen. Wie ein Wimpernschlag. Das Wasser wird alles verschlingen.« Leise sang ich, was mir dazu einfiel: »... in the wink of an eye my soul is turning in your hand, are you going away with no words of farewell, ... this will be the last thing on my mind.« Smail erkannte das Lied. »Neil Diamond, sagte er, ist der nicht Jude? Aber wieso reden wir eigentlich andauernd über den Weltuntergang?« »Na weil ich Dir die Gretchenfrage gestellt habe, die Frage nach der Religion.« Plötzlich blickte Smail finster. Mit gerunzelter Stirn zwei Finger an die Oberlippe legend rollte er: »Heindrrrich, mirrr grrrausts vorrr dirrr.« Bei diesem komischen Anblick verschluckte ich mich fast vor Lachen. »War das eben Hitler oder Goethe«? stieß ich hervor. Wir schlugen die Hände aneinander. »Oh, nee, das Leben ist ernst genug«, rief er, »man muss alles genießen, was Allah uns gibt. Jeder Mensch hat zwei Engel in sich«, erklärte er, wobei ich sofort an Faust und die zwei Seelen ach in meiner Brust denken musste. »Der eine notiert die guten Taten«, fuhr er fort, »der andere die schlechten. Stell Dir das wie ein Punktesystem vor, Jurrgen. Ein Gebet zählt viel. Gute Arbeit gilt auch wie ein Gebet. Aber jetzt weißt Du alles. Nun bist Du mit einer Geschichte dran.«

Von der Hitze welk und schläfrig geworden lagerte ich instinktiv in der stabilen Seitenlage. Ich säuselte: »Es war einmal ein Mann, der hatte sieben Söhne und die sieben Söhne sagten Vater, erzähl uns eine Geschichte. Da fing der Vater an, es war einmal ein Mann, der hatte ...«

Als ich wieder zu mir kam, saß ich auf den Marmorstufen vor dem Hamam, wohin Smail mich geschleppt hatte. Er flößte mir Mineralwasser ein und war sehr besorgt. »Besser?« Ich nickte stumm. »Es ist kalt hier draußen, lumpige 32 Grad im Schatten«, flüsterte ich. In diesem Moment kehrte der Sonnenschein in sein Gesicht zurück. Grinsend sagte er: »Die wirkliche Gretchenfrage lautet nämlich: »Ist Jurrgen tropentauglich?« »Nöh«, jammerte ich, »noch nicht so richtig.« Er hakte mich unter und führte mich zum Taxi. »Siehst Du, das müssen wir noch trainieren, sonst wirst Du nie Leuchtturmwärter auf Cap Rhir.«

Couscous von Louisa

Der Klavierspieler im »Le Cesar«, interpretierte Sinatrasongs mit einer Stimme, die so einschmeichelnd war wie die Basilikumsahne zu unseren Wolfsbarschfilets. In der Ecke saß ein junger Mann mit zwei Frauen und schien mit sich selbst zu reden. Die eine starrte an die Decke, tupfte ab und zu eine Träne weg, während die andere ein entrücktes Lächeln im Mundwinkel trug. »Die haben sich bestimmt gestritten«, flüsterte Smail, »Eifersucht, Jalousie.« »Hosenneid«, flüsterte ich zurück. Am runden Tisch neben der Glastür hatten sich drei deutsche Rentnerehepaare als Vorspeise mit Genuss eine mit Taubenfleisch gefüllte tortengroße Pastila geteilt. Nun applaudierten sie dem Küchenchef, der unter Mithilfe eines Kellners diverse lecker anzusehende Fischgerichte brachte, filetierte und vorlegte. Die Gäste schwelgten, hielten bisweilen ihre Bestecke in die Höhe, wie die Preisrichter beim Eiskunstlaufen ihre Wertungsschilder. Ein einzelner, mit abgespreiztem Finger Rotwein trinkender Herr, den es nicht störte, dass seine lang ausgestreckten Beine dem Personal den schmalen Weg zur Theke versperrten, beendete sein ausführlich zelebriertes Dauertelefonat erst, als eine alte, grell geschminkte Frau ins Lokal gehuschelt kam und sich nach überschwänglicher Begrüßung zu ihm setzte. Der Ober war ihr behilflich, bunte Schleifchen um ihre Handgelenke zu binden. Während sie, die herbei zitierte beste Freundin, pausenlos kichernd auf ihn einschnatterte, hob der Mann sein Handy ans Ohr und fuhr fort, hineinzusäuseln. Der Musiker war nun zu Elvis übergewechselt. »Wise man say ...«, hauchte er ins Mikrophon. Besonders den beiden älteren Damen am Nachbartisch gefiel dieses Lied. »Falling in love with you ...« Hübsch zurechtgemacht, keineswegs aufgebrezelt, wirkten sie nicht wie Sechzigjährige, sondern eher wie junge Mädchen, denn in ihren Augen funkelte ein Sternenleuchten, das nur ihren Begleitern galt. Unaufdringlich galant benahmen sich die zwei gepflegten dunkelhäutigen stoppelschwarzen Männer. Sie mochten wohl so Mitte zwanzig sein. Jede Fotoagentur hätte sich die Finger abgeleckt, sie zu casten. Ihre Gespräche und vorgetragenen Komplimente fingen die Damen ein. In der angenehmen Atmosphäre des Lokals hatte dies nichts Halbseidenes an sich, selbst nicht, als die Frauen verliebten Blickes die Gabeln zückten, um ihre Urlaubsbekanntschaften häppchenweise mit Krabben zu füttern. Was war schon dabei, einen Flirt zu haben? Smail war es, der den Riss in dieser Idylle bemerkte: »Eben haben sich die Männer angeschaut und die Augen verdreht«, sagte er. Wir pötterten in unseren riesigen Erdbeereisbechern umher. »Marokkanische Erdbeeren schmecken wie aus dem Garten zu Hause«, sagte ich, »man findet sie manchmal auch im Supermarkt in Deutschland unter dem Firmennamen eines spanischen Importeurs. Hab inzwischen einen Spürsinn dafür entwickelt.« Smail zerbiss eine aromatische Fruchthälfte. Kauend fragte er: »Du bist 1994 zum ersten Mal in Marokko gewesen, weshalb bist Du wiedergekommen?« Ich kratzte mit dem Löffel das letzte Vanilleeis aus meinem Becher und antwortete: »Für mich war es zunächst ein Eintauchen in die ›Märchenbuchwelt‹ meiner Kindheit aus Tausendundeiner Nacht. Vieles schien mir vertraut, wie aus einem früheren Leben. Etwas gefroren schien das Land unter König Hassan II., was erklärlich war, denn er hatte nur zwanzig Jahre Zeit, den Staat zu konsolidieren, was wahrlich kein Zuckerlecken war. Karg mutet das Land an, hat aber so unendlich unentdeckte Reize. Mein Mecklenburg ist satt grün, übersät von Seen, fetten Äckern und kraftstrotzenden Wäldern. Trotz des natürlichen Reichtums und schwerster Knochenarbeit der Bauern ist Mecklenburg eigentlich immer arm geblieben, was sich durch den vor neunzig Jahren aufkommenden Tourismus änderte. Ich sehe da Parallelen in der Entwicklung. Mich hat es damals sehr bewegt, zu sehen, wie die Landwirte hier um jede Pflanze einen quadratischen Erdwall angehäufelt haben, nur um das wenige Regenwasser für sie einzufangen. Damit es nicht hangabwärts läuft. Sie klopften mit einer Hacke im betonharten Boden herum. Und ich fresse für fünfzehn Pfennige das Kilo die leckeren Tomaten, wo das aus Holland importierte Kilo in Deutschland sechs Mark kostet und wässrig knirschend ohne Aroma ist. Die Leute hier fand ich so lieb. Begrüßt ein Marokkaner einen Menschen, so legt er immer, auch wenn er ihm völlig fremd ist, die Hand aufs Herz. Ursprüngliche Herzlichkeit. ›Salam aleikum, Ali Baba‹, riefen sie mir, dem bärtigen Europäer, zu, um mit mir ins Gespräch zu kommen und vielleicht auch ein kleines Geschäft anzubahnen. Unwissend doof wie ich war, antwortete ich mit ›hallo‹. Hätte Aleikum Salam sagen müssen, um ihren ehrsamen Gruß richtig zu erwidern, etwa dem Grüß Gott vergleichbar. Doch sie waren nicht pikiert, sondern offen und liebenswert neugierig. Schon damals wurde mir klar, dass zunächst nur das Herz sprechen sollte. Könnte ich im türkisch dominierten Stadtteil der deutschen Hauptstadt Berlin einem Schnautzbartträger freundlich zurufen: ›Hallo Ali Baba, wie komme ich zum Alexanderplatz?‹ Die Wahrscheinlichkeit, meinen ostpreußisch eingeheirateten Vorfahren zitieren zu dürfen, wäre groß gewesen: Da hättste wat uff der Fresse jekricht. Angeblich liegen Welten dazwischen. Was wirklich trennt, ist nur Unwissenheit, die es beiderseits zu überwinden gilt. Bei meiner allerersten Abreise aus Marokko sagte die freundliche Dame an der Rezeption des TIVOLI: ›Man kommt nicht nur einmal nach Marokko. Ist ein Land zum immer Wiederkommen, inch Allah.‹ Ihre Worte haben sich bewahrheitet. Ich vergesse nie den vom Hotel organisierten Ausflug nach Taroudant, der Geburtsstadt des französischen Präsidenten Jaques Chirac, der einmal im Jahr dort zu Besuch ist im traumhaft blütenüberflutetem uralten Hotel Palais Salam. Von der Busladung unserer Touristenmeute hatte ich mich während der Bewanderung der dicken Stadtmauer abgeseilt. Ausgangs des Handwerkermarktes nahe beim Stadttor winkte mich ein liebenswerter alter Herr in sein Gasthaus und ich bestellte in seinem winzigen Lokal einen Rindertagine und The à la menthe. Sicherlich wollte er was Gutes tun, brachte den eigens für mich gedachten Schmortopf persönlich an meinen Tisch. Die verführerischen Düfte gingen ihm voraus. Doch als er den Deckel hob, war ich schockiert. Oben auf dem traditionellen Kegelberg der Produkte türmten sich Fritten. Pommes frites. Gedämpft im Tagine. Dies mir, der ich ein erklärter Frittenhasser bin, sie als chemische Kampfstoffe bezeichne und ihnen jegliche Beziehung zu Lebensmitteln abspreche! Weder fand ich ein Forum für Reklamationen, noch Veranlassung dazu. Es schmeckte. ›Warte, warte‹, raunte der alte Herr, als er auf einem Tablett den Tee servierte. Sofort kehrte er zurück mit alten Zeitungsfetzen. Normalerweise umwickeln die Kellner die glühend heißen Griffe der Teekanne mit kunstvoll gezwirbelten Papierservietten. Nicht hier. Aus Sorge, dass ich mir die Finger verbrennen könnte, rödelte der Wirt Zeitungspapier um den geschwungenen Griff, warf zwei Zuckerstücke von der Größe einer Streichholzschachtel hinein, stopfte die Zweige der kleinblättrigen Winterminze in die Kanne und erwartete, dass ich drei Probegüsse mache ins Teeglas, die immer wieder zurückgekippt werden. Da ich nichts dergleichen tat, erledigte er es für mich, holte ein zweites Glas für den Probeschluck für sich und schien zufrieden mit Süße, Klärung und Herbheit des Minzetees. Ich schlürfte ihn und musste mich beeilen, zum Hordenbus zurückzukommen, denn das Couscousessen im Hause des Bürgermeisters einer landwirtschaftlichen Kooperative stand noch an. Der Weg führte durch mit Schotter angereicherte tro-

ckene Flusstäler. Wir ritten auf Eseln und besichtigten die Bewässerungsanlage des Dorfes. Und dann Couscous: Berge von Hühnchen auf Bergen von Reis. Das war mein Einstieg nach Marokko, bevor wir uns kennenlernten«, beendete ich meine lang ausufernde Erzählung über meinen Erstbesuch in Nordafrika.
»Oh«, sagte Smail mit runden Augen. Dieses kurze Oh, gepaart mit seinem Gesichtsausdruck, verhieß nichts Gutes. Nur zu gut kannte ich ihn und wusste, dass hier ein generelles Unheil anstand. »Unser Nationalgericht Couscous aus Reis? Der wird aus Hirse gemacht. Hirsegries. Nicht aus Reis«, betonte mein Freund, »aus Gries!« Ich riss beide Arme nach oben und plapperte los: »Grieseinbrennesuppe, der Albtraum meiner Kindheit. Man bereitet eine Brühe aus Rindfleisch und Wurzelwerk und löscht damit in der Pfanne angerösteten Gries ab, so dass die Suppe eine sämige Konsistenz bekommt. Eine Kreation aus der Kriegszeit, die mein Vater öfters verlangte, um uns Kindern die Genügsamkeit schlechter Zeiten nahezubringen. Wir mäkelten heftig, stippten die Fleisch- und Möhrenstückchen aus der längst erkalteten und von einer dicken Haut überzogenen Masse, bis ihm der Kragen platzte, er uns mit den Köpfen zusammenstieß und mit der Nase ins ungeliebte Essen tunkte.« Smail schüttelte mit sichtlicher Begeisterung den Kopf über die geschilderten rüden Tischsitten im Hause eines Arztes. »Magst Du keinen Gries?«, fragte er. »Doch, doch«, versicherte ich, »Rhabarbergries war das erste, was ich mit sechs Jahren kochen konnte und liebliche Griesklößchen in der Hühnerbrühe liebe ich sehr.« »Dann musst Du unbedingt Couscous probieren«, befand er. Schon hatte er per Handy alles arrangiert: »Wir treffen uns morgen zum Frühstück im Founty und danach essen wir bei mir Couscous, bevor ich zum Spätdienst gehe. Louisa, eine gute Bekannte, wird ihn zubereiten. Sie dämpft den Gries dreimal über Brühe, damit er nicht klumpt. Sie ist übrigens verwandt mit dem Wirt aus Taroudant. Ihr Mann ist Architekt.«
Vom Leben, das wie eine Rose sei, sang der Pianomann und nickte uns beim Verlassen des »Le Cesar« zum Abschied zu.
Als ich am anderen Morgen am Transatlantique um die Ecke bog, staunte ich. Statt im Café bei Tee und Omelette erwartete mich Smail in voller Uniform auf der Kreuzung. Sein Chef hatte ihn vor Sonnenaufgang aus dem Bett geklingelt, da er einen erkrankten Kollegen vertreten musste und das internationale Schülertreffen verkehrsmäßig abzusichern war. »Inzwischen bist Du ja daran gewöhnt, nach dem Dienstplan der Polizei Urlaub zu machen«, scherzte mein Freund, nachdem er kurz mit seiner jungen Kollegin gesprochen hatte, »sei um zwölf bei mir.« »Habt Ihr eigentlich viele Verkehrspolizistinnen?«, wollte ich wissen. Smail nickte. »Und wenn sie einen höheren Dienstgrad haben, macht das keine Probleme, wenn sie den Männern Befehle erteilen?«, fragte ich weiter. Er schüttelte den Kopf: »Keine Probleme, nein. Wir müssen unsere Aufgaben erfüllen, das alleine zählt. Sicherlich nicht anders, als bei Euch.« »Stell Dir vor«, begann ich, »bei uns fordern alternative Politiker, dass muslimische Polizistinnen im Dienst ein Kopftuch tragen dürfen sollen. Stand neulich in der Zeitung.« Smail lachte: »Seltsam, da denken die Autofahrer bestimmt, dass Mama Gholla aus dem Märchen auf der Kreu-

zung lauert, um sie in den Sack zu stecken. Eine Uniform muss doch zweckmäßig sein, gut sichtbar und die Trägerin schützen. Aber ich muss jetzt was tun, bis zwölf dann.« Mit diesen Worten ging er zurück zu seiner Kollegin und berichtete ihr von der geplanten Kleiderordnung in Deutschland. Amüsiert blickte die junge Frau in meine Richtung, hob kurz ihre weiße Schirmmütze und schwenkte leicht ihr seidiges, zu einem Pferdeschwanz zusammengebundenes langes Haar.

Wie zwei Paschas saßen wir am Wohnzimmertisch. Pünktlich erschien Nisrine mit dem von ihrer Mutter für uns zubereiteten Essen. Sie war etwas außer Puste, denn sie hatte den schweren heißen Topf drei Etagen hochgeschleppt. Als sie ihn absetzte, verteidigte sie sich wacker gegen Smails lustige Bemerkungen. Ich verstand nichts, sah aber an der lebhaften Körpersprache, dass beide sich mochten. Keine Liebe, sondern geschwisterliche Vertrautheit. Nisrine schaute mich mit großen dunklen Augen an, tippte sich an die Stirn, deutete auf meinen Freund und sagte: »Sen sen!«[15] Mit glucksendem Lachen ließ sie sich in einen der Sessel fallen und leistete uns ein wenig Gesellschaft, denn sie hatte bereits zu Hause gegessen. Interessiert beobachtete sie mein Gesicht, während ich mit der rechten Hand aus dem Gries kleine Bällchen formte und sie zu Munde führte. Louisas Couscous war ein Gedicht. Allerlei liebliches Gemüse und reichlich würziges zartes Fleisch traten zutage. Der Gries streichelte die Zunge. Schon nach dem ersten Bissen verwarf ich den Gedanken, das Gericht einmal zu Hause nachzukochen. Eine graue Pampe würde unter meinen Händen entstehen. Nein, diese Meisterschaft in der Zubereitung erreichte nur eine marokkanische Frau. Begeistert lobte ich das üppige herrliche Mittagsmahl und Smail, stolz, mir einen solchen Genuss bereitet zu haben, übersetzte freudig: »Ich bin sicher, dass der Couscous von Madame Louisa der beste ist auf der ganzen Welt.« Nisrines erwartungsfrohes Lächeln verschwand jäh. Beinahe wäre sie aus dem Sessel gerutscht, so sehr schüttelten sie Lachkrämpfe. »Louisa, Louisa«, rief sie immer wieder und rang nach Atem, bis kleine Tränen hervorkullerten und sie winkend die Wohnung verließ. Noch lange hallte im Treppenhaus ihr helles freies Lachen, mit dem sie auch Smail angesteckt hatte. Verlegen fragte ich: »Hab ich was Falsches gesagt?« »Nein, hast Du nicht«, entgegnete er heiter. »Louisa ist der Spitzname von Nisrines Mutter. Nur wir kennen ihn, Madame Al Gore selbst weiß nicht, dass sie von der Familie so genannt wird. Probier jetzt mal den Nachtisch.« Mit einem Messer hatte er die stacheligen Kakteenfrüchte verzehrfertig gemacht. Leicht säuerlich schmeckten sie anfangs, doch beim Kauen trat süßer Saft hervor, der eine angenehme Erfrischung daraus machte. »Man darf nicht viel davon essen«, erklärte Smail, »sie verstopfen nämlich.« Ich puhlte die Kerne aus dem Mund und sah auf die Uhr. »Hast Du noch Zeit für eine Geschichte zum Thema Verstopfung?« Smail, der die Kissen für unsere Siesta aufschüttelte und die Fensterladen schloss, welche nun den Raum abdunkelten und Hitze und grelles Sonnenlicht fernhielten, lächelte. »Gerne, Dir fällt ja zu allem etwas ein. Ich habe jetzt Bereitschaft und muss vielleicht nochmal

[15] sen sen = verrückt

nachts um zehn raus.« Nachdem wir uns ausgestreckt hatten und Müdigkeit uns befiel, begann ich im Säuselton einer Gutenachtgeschichte: »Vor langer Zeit gab es bei uns zwei Brüder, Paul und Otto Behnke, beide waren Kaufleute. Des einen Metier waren Stoffe, des anderen die Pferde. Sie waren im Gasthaus gründlich bei Bier und Korn versackt und mit einem Bauern ins Gespräch gekommen, der ihnen seinen alten Gaul andrehen wollte. Spät in der Nacht wurde per Handschlag, wie es beim Pferdehandel noch heute üblich ist, der Kauf besiegelt. Nach Schankschluss schickten sie sich an, ihren Neuerwerb bei Mondschein zu begutachten. Mit scharrenden Hufen stand der Braune im Hof der Schenke. Sie näherten sich ihm vorsichtig von vorne und hinten und als er sich endlich ruhig zeigte, öffnete Otto mit beiden Händen das Maul des Pferdes und schaute hinein. ›Siehst Du mich Paul?‹, rief er seinem Bruder zu, der gerade den Schweif hochgehoben hatte und mit einem zugekniffenen Auge das Hinterteil prüfte. ›Nee‹, antwortete dieser, ›siehst Du mich denn?‹ Otto ließ sich enttäuscht auf einer Futterkrippe nieder. ›Nee Paul, ich sehe Dich auch nicht. Der Bauer hat uns betrogen. Das Pferd ist verstopft.‹ Hörst Du Smail, verstopft.« Schläfrig murmelte mein Freund: »Hat wohl die Kakteen der Wirtin gefressen.« Dann entschlummerte er vollends. Und auch mich brachte der gedämpfte Lärm der Straße bald ins Reich der Träume.

Irgendwann weckte uns lautes Trommeln und Singen. Smail rieb sich die Augen. »Achoura«, flüsterte er, »ich hab ganz vergessen, dass heute Achoura ist.« Beim Achourafest zog man lärmend durch die Stadt, neckte einander und bespritzte sich gegenseitig mit Wasser. Große Feuer loderten auf rings um Agadir. Ein Tag, an dem Kinder mit Spielzeug und Kleidung beschenkt wurden und mit einem kleinen Geldstück, ähnlich wie bei uns zu Weihnachten. Islamische Weihnachten ohne Weihnachten. Ich begriff nicht gleich alles, was Smail sagte: Jemand sei damals ins Wasser gefallen, Sure 20. Hektisch schlüpfte er hüpfend in seine Schuhe und verschwand. Kaum halbwach schlug ich die genannte Stelle des Koran auf und las, dass Gott Moses anwies, die Kinder Israels bei Nacht hinweg zu führen und ihnen einen trockenen Pfad durchs Meer zu schlagen. Die ihn verfolgenden Truppen des Pharao jedoch mussten ertrinken. In späterer Zeit war der Prophet Mohammed darauf aufmerksam geworden, dass die Juden in Medina an diesem Tag fasteten, um Gott für die Errettung zu preisen. Er sagte: »Wir sind Mussa[16] näher, als Ihr.« und bestärkte sie, darin fortzufahren, machte das Fasten aber nicht zur Pflicht, was mein wegen des Couscous aufkommendes schlechtes Gewissen beruhigte. In den Schriften fand ich noch zwei weitere Anlässe für Achoura: Es ist der Tag, an dem Gott die Reue Adams annahm und der Tag, an welchem Nuh[17] und die Gläubigen, die mit ihm waren, die rettende Arche verließen.

Während ich noch grübelte, war mein Freund schon zurückgekehrt mit einer Vielzahl von Tüten und Beuteln, die er in einer riesigen buntbemalten irdenen Schüssel entleerte: Die Krichletes genannten Mürbteigplätzchen, Datteln, Feigen, Kichererbsen, Walnusskerne, Rosinen, Mandeln und andere geröstete

[16] Mussa = Moses

[17] Nuh = Noah

Leckereien zum Achurafest

und gesalzene Knabberkerne, um so die traditionelle Nascherei für Achoura zuzubereiten, die dem Studentenfutter bei uns ähnelt, aber weitaus delikater ist, denn der Clou sind die Krichletes. Derweil er alles gut miteinander vermengte, erzählte er, wie seine Mutter mit viel Liebe jedem der Familie zu Hause einen großen Teller der Leckerei hingestellt hatte. »Ich habe da immer heimlich alle Datteln eingesammelt, wenn keiner aufgepasst hat, und dann mit Unschuldsmiene gesagt: ›Mutter, Du hast doch die Datteln vergessen.‹ Nie hat sie mich merken lassen, dass sie mich durchschaut hatte, sondern immer nachgelegt. So sind Mütter. Deine auch? Man muss sie ehren.« Meiner Zustimmung gewiss, schaltete er den Fernseher ein.

Wir knabberten kiloweise. Das Halbfinale des African Cup‘s war langweilig. Keines der beiden Fußballteams schien sich verausgaben zu wollen und der Ball dödelte mal hier, mal da. Schließlich entschloss sich der Coach, den hochbezahlten strähnchenlockenschwingenden Mido auszuwechseln, und während der darob beleidigte Starkicker seinen Trainer noch am Feldrand körperlich angriff, so dass Mannschaftskameraden dazwischen gingen, um Schlimmeres zu verhüten, knallte in der selben Minute sein Ersa tz das entscheidende Tor in den gegnerischen Kasten, was Ägypten den Einzug ins Endspiel gegen Elfenbeinküste sicherte. Smail stellte den Ton ab und sagte voraus, dass übermorgen Titelverteidiger Ägypten das Finale gewinnen werde. Seine Prophezeiung sollte sich erfüllen. Und auch sein unausgesprochener Wunsch, dass heute das Telefon ihn nicht aus der Bereitschaft zu einem nächtlichen Einsatz rufen möge.

Imouzzer: Bring me the monkey please

Die bunte Katzenbande von Borj[18] Dlalate, einer Residenz an der Kreuzung Al Kamra, plünderte zum Frühstück in der Morgensonne die Müllcontainer. Wir schlürften heißen The à la menthe und lösten Kreuzworträtsel, die im Arabischen von rechts nach links, und von oben nach unten ausgefüllt werden mussten. »Erst einmal gehen wir hier gleich neben dem Café zum Friseur«, eröffnete mir Smail die Tagesplanung, Rashid wartete schon auf uns.

Die Bezeichnung Salon schien mir stark untertrieben: Teure, auf edle Holzrahmen gespannte Teppiche schmückten die Wände. Von der gewölbten, mit bunten Mosaiken verzierten Decke warfen wuchtige Kristallleuchter ein wohltuendes Licht auf die schweren brokatbezogenen Fauteuils, die das Warten angenehm sein ließen. Man nahm Platz in einem der von Marmorsäulen getrennten und mit rosenholzfarbenen Kacheln ausgekleideten Séparées und die Haarkünstler leiteten ihre Zeremonie ein mit dem Desinfizieren und Abflammen der blitzenden Rasiermesser. Auf Waschen, Schneiden und das Trimmen des Bartes folgten heiße duftende Kräuterkompressen für Kopfhaut und Gesicht, ein Peeling, Massage mit exotischen Substanzen und zum Abschluss entfernte Rashid mit einem dünnen Seidenfaden die feinen Härchen auf Wange und Schläfe durch eine schwungvolle Bewegung. Ich fühlte mich wie runderneuert. Smail, zufrieden mit meinem Aussehen, verkündete nun das nächste Ziel: Die Wasserfälle von Imouzzer. »Sie werden überwiegend von Schmelzwasser und Niederschlägen gespeist«, erklärte er, als wir vor Awrir rechts abbogen, »normalerweise sind sie um diese Zeit trocken so dass dort jetzt keine Touristen hinfahren. Doch es hat viel geregnet in letzter Zeit. Siehst Du, alles ist grün.«

Achtzig Kilometer schraubte sich die schmale Straße in die Berge, immer von einem Tal zum nächst höhergelegenen. Die steil abfallenden schroffen erodierten Felswände gaben oft versteinerte Fossilien preis, schwere, mehr als dreißig Zentimeter hohe Ammoniten,[19] die an den Ständen längs der Trasse zum Verkauf angeboten wurden. »Praktische Schlüsselanhänger«, witzelte Smail, »findest Du immer wieder.« Hinter einer Kehre parkte ein Jeep, dessen Insassen, ein französisches Ehepaar, mit grünen Gesichtern an der Böschung lehnten und reiherten aus voller Kehle, was mir eine Ahnung von dem gab, was noch vor uns lag. Mein Freund bot ihnen sein Medikament gegen Reisekrankheiten an, was mit dankenden krächzenden Lauten abgelehnt wurde. Dann hielt er ihnen Weißbrot und Wasser hin. Mit einem wimmernden Aufschrei setzten die beiden ihre Tätigkeit fort. »Ist wohl besser, wenn man nichts im Magen hat«, meinte er, »und wenn man langsam fährt.« Immer tiefer und abenteuerlicher wurde der nahe Abgrund, der mal links, mal rechts neben der Straße sich auftat. Keine Leitplanke, keine Betonpoller, die einen Absturz verhindern konnten. Endlich ging es leicht bergab in ein palmenbestandenes Tal, durch

[18] Borj = Turm

[19] Ammoniten = mariner Kopffüßer (Cephalopoda) vom einstigen Meeresboden am Ende der Kreidezeit.

Die Katzenbande von Borj Dlalate

das sich ein Fluss schlängelte. Gigantische tektonische Kräfte hatten vor Jahrmillionen die Erdkruste zerrissen, Gesteinsschichten tausende Meter emporgetrieben und gegeneinander verschoben erstarren lassen. Dies alles sah man hier wie in einem Lehrbuch, konnte die Unbezähmbarkeit der Natur erahnen. Wie war dieses Tal entstanden? Wasser hatten die Kluft gefunden und sie beständig keilförmig tiefer ausgesägt bis auf den heutigen Grund. Strudelnd und wasserreich musste einst der Fluss gewesen sein, um in seiner leichten Linksbiegung die rechte Felswand auszuhöhlen, die sein Bett begrenzte. In langen Trockenzeiten, nur kurz unterbrochen von regenreichen Jahren, verlor er allmählich seine Kraft, sein Pegel sank und er zog sich zurück. Überließ den Menschen sein einstiges Reich, das Ufer, das er in kraftvollen Zeiten halbtunnelartig ausgespült hatte, damit sie dort einen Weg bauen zu den Kaskaden von Imouzzer. Zackiges weich aussehendes Gestein überwölbte die Zufahrt zum Palmental. Mit offenem Mund bestaunte ich diese Schönheit. Kein Foto, kein Gemälde und kein Dichter würden je die Einmaligkeit dieses Anblickes wiederzugeben in der Lage sein. Ich war im Märchen. Gleich würden die Elfen auftauchen und sich zum Tanz vereinen. Wechselte man den Standort um kaum ein paar Schritte, so ließ das durch die Schlucht im Einfallswinkel gebrochene gleißende Sonnenlicht die Farben tanzen. Ocker, grau, rotbraun und goldgelb changierten die Reflexionen von der linksseitigen senkrecht steil aufragenden Felswand. Wie in rötlichen Zwiebelsäcken trugen die Palmen ihre Früchte. Wir aßen von den frischen Datteln, die Smail an ihrem Fuße aufgesammelt hatte. Mit weit hochgekrempelten Hosenbeinen durchwateten wir barfuß wadentief das Kiesbett des gurgelnden Flusslaufs, erfrischten mit seinem kristallklaren eisigen Wasser Gesicht und Unterarme. Immerhin zeigte das Thermometer achtundzwanzig Grad Lufttemperatur. Ergriffen fragte ich: »Weißt Du eigentlich, wie schön Deine marokkanische Heimat ist, Smail? Den wilden Atlantik direkt vor der Tür und dann die Berge und hier das wirkliche Paradies.« Lächelnd antwortete mein Freund mit einer Gegenfrage: »Und Du? Hast mir in all den Jahren, die wir uns kennen, viel Interessantes erzählt von deinem Mecklenburg in Norddeutschland mit seinen Seen, Schlössern und grünen Wäldern. Im nächsten Jahr, inch Allah, wirst Du es mir zeigen, wenn ich Dich endlich besuchen kann. Aber weißt Du wirklich, wie schön es ist? Du und ich, wir beide arbeiten hart und haben kaum Freizeit für solche Dinge. Ich bin zum ersten Mal hier draußen. Ohne Dich hätte ich diese Fahrt vermutlich nie unternommen. Es macht mich glücklich, Dir alles zu zeigen. Ich bin gerne mit Dir zusammen Jurrgen, mein Freund. Mein Bruder. Du musst wissen, dass Du deine Familie auch hier in Marokko hast.« Ich schluckte und noch bevor ich Worte fand, schlug mir Smail auf die Schulter, so dass meine Shaggy-Sonnenbrille ins Wasser plumpste und wir sie herausfischen mussten ohne weitere Bekenntnisse.

Wie sagt der Mecklenburger? Höger rup, seggt Pietschmann un sprüng ut de Boedenluk'! Ja, die Straße verjüngte sich, es ging höher und höher in den Atlas. Die Franzosen unterwegs hatten ihr Frühstück nicht umsonst in die Büsche gehustet. Manchmal fuhren wir direkt gen Himmel, ohne zu wissen, ob hinter der nächsten Kurve noch ein bischen Straße ist. Zwar erwies ich mich als höhentauglich, aber ich war erleichtert, als wir den verträumten und von wenig Tourismusambitionen beleckten kleinen Ort Imouzzer passierten. Auswärts klebten zwei kleine Restaurants am Hang und schon hörten wir das Rauschen der Kaskaden. Angenehme Kühle spendeten sie an diesem heißen Tag. Von der unseren Standort wohl schätzungsweise einhundertfünfzig Meter überragenden Bergspitze stürzten sich die Wasser herab, um weitere sechzig Meter tiefer unter uns schäumend ihre Bahn zu suchen. Beeindruckend. Wie Smail vermutet hatte, waren wir allein. Heute gehörte der Wasserfall uns. Wir suchten ein Plätzchen zum Picknick, schleppten Decke und Kissen durch das von dünnen Rinnsalen durchzogene Wäldchen. Bald schon qualmte der Grill und die langstieligen Hammelkoteletts konnten aufgelegt werden zusammen mit dem Viande Hacheé, den Frikadellen. Gerade erzählte mir Smail, dass die Menschen hier in den Bergen außerordentlich freundlich seien. Nicht bloß freundlich, sondern eher familiär. Die meisten Männer fänden Arbeit in der weit entfernten Stadt Agadir, Frauen und Alte bestellten ihre kleinen Gemüsegärten hinter dem Haus, wovon ich mich überzeugen konnte. Zwischen Olivenbäumen, Arganien und blühenden Mandelbäumchen grasten auf hangschiefen Weiden Schafe und der Hausesel. Schüchtern pirschte sich ein Geschwisterpärchen an uns heran, wohl angelockt von den Düften unseres Grills. Marokkanische Kinder kannte ich als wohlerzogen und bescheiden. Das achtjährige Mädchen war mutiger, als sein ein Jahr jüngerer Bruder. Smail schenkte ihr Mandarinen und Bananen, die es unterm hellblauen Kleidchen versteckte.

Sehr bald kehrte der Junge zurück. Beherzt stellte er sich schweigend neben uns. Mein Freund, wie alle Marokkaner von Natur aus kinderlieb, ließ ihn ein wenig schmoren. Dann fragte er: »Wie heißt Du?« »Ich bin Mohammed!« »Warst Du heute fleißig in der Schule?« »Ja, war ich.« »Wie viel ist eins plus eins?« »Eins plus eins ist zwei!« Stolz reckte sich der kleine Bengel aus dem Kreuz und grinste. »Und wie viel ist fünf plus drei?« Mit gesenktem Blick antwortete der Lütte zögernd: »Vier? Vielleicht vier. Oder fünf?« Smail lachte. Das war kein hämisches Auslachen, sondern eher ein väterliches gutherziges Lachen. Er wickelte zwei Fleischklößchen in Weißbrot und drückte sie dem Kind in beide Hände. Diese hochhaltend tappelte der Zwerg selig von dannen. Smail schürte die Glut vom Grill und schob ihren Großteil zur Seite, worauf er dann die Teekanne für den herrlichen Thé á la menthe setzte, der ein Mahl abrundete. Daneben legte er, nur zum Aufwärmen, die Pastila, eine mit lieblicher Fleischfüllung versehene Blätterteigpastete im Tortenformat. Pastila? Gestern hatte Smail Mille Feuille, was soviel heißt wie tausend Blätter, in Agadirs berühmtester Konditorei Yacut gekauft. Ein hauchdünner spezieller Blätterteig also, mit einem Durchmesser von zehn Zentimetern. Diese Plättchen legt man kreisförmig aus zu einem Boden mit anderthalbfachem Tortendurchmesser. Überlappende Stellen werden mit flüssiger Butter eingepinselt, damit sie nicht brechen, denn der Teig ist sehr dünn und trocknet schnell aus. Für die Füllung kocht man zwei Hühner mit Salz, Stangenzimt (Kanehl) und reichlich kleingeschnittenen Zwiebeln, entnimmt das gare Fleisch und würfelt es klein. Die Zwiebeln kocht man richtig weich und reduziert die Brühe gleichzeitig, zieht sie vom Feuer und quirlt zehn (!) Eier darunter, die nicht stocken dürfen. Dann gibt man das gewürfelte Fleisch hinzu, Rosinen, kleingehackte Nüsse und Mandeln und vermengt alles mit etwas Puderzucker. Diese Mischung streicht man auf den vorbereiteten Blätterteig, schlägt die überstehenden Teigränder nach oben, so dass die Pastete Tortengröße hat und schließt sie von oben mit Teigplättchen und vergisst das Butterbepinseln nicht dabei. Dann dreht man die Pastila herum und bäckt sie im Ofen gute dreißig Minuten, bis der Teig gar und kross ist. Entweder isst man sie ofenfrisch, oder aber nimmt man sie mit zum Ausflug nach Imouzzer.
Für zwei Personen waren zwölf saftige Hammelkoteletts und zehn Buletten eigentlich reichlich genug, auch wenn man sie unter dem Rauschen des Wasserfalls genüsslich verzehrte. Dennoch konnte ich dem dritten Gang, den Smail mit diebischer Freude offerierte, nicht widerstehen. Wir aßen und aßen, es war unmöglich, aufzuhören, bevor nicht alles verputzt war.

Hernach, als er den Tee zelebrierte und ihn schäumend in die Gläser pladdern ließ, forderte Smail seine Geschichte ein. Rundum satt und zufrieden fiel mir nichts ein. Ich schüttelte den Kopf und lag da, wie ein Faultier, das sein Anrecht auf Winterschlaf erstreiken wollte, obschon es wusste, dass der ihm nicht zustand. Smail, als hätte er das erwartet, rutschte näher. »Magst Du eine Fabel hören vom Affen und vom Esel? Es war einmal: Der König der Tiere, der mächtige Löwe, hatte mal was zu erledigen. Also musste er einen Stellvertreter bestimmen, der sein Amt ausführte. Seine Wahl fiel auf den Esel. Es macht ja nichts, wenn er viel Unsinn anrichtet, dachte der Löwe, denn

dann weiß ein jeder meiner Untertanen, was er an mir hat. So sei es. Kaum war der Löwe fort, bestieg der Esel den Thron und grübelte, was wohl seine erste Amtshandlung sein sollte. Immerhin war er König jetzt. Da fiel ihm ein, dass der Affe ihn oft mit seinen derben Scherzen geärgert hatte. Und so beschloss er, ihm einen Denkzettel zu verpassen. Gleich am nächsten Morgen rief er alle Tiere zum Gerichtstag und befahl: ›Bring me the monkey please.‹ Der Affe wurde vorgeführt und König Esel verkündete: ›Ich werde Dich bestrafen, weil Du dem Bären den Honig gestohlen hast!‹ Aber der Bär trat vor und brummte: ›Majestät, das stimmt nicht. Der Affe hat nicht den Honig geklaut.‹ ›Es möge so sein‹, lenkte der Esel würdevoll ein. ›Aber der Affe ist angeklagt, weil er das Kamel geschlagen hat.‹ Ein Raunen ging durch die Menge der versammelten Tiere. Laut erhob das Kamel seine Stimme. ›Niemand hat mich geschlagen. Der Affe ist unschuldig.‹ Das passte dem Esel nicht. ›Gewiss, gewiss‹, keifte er, ›ich hab da was verwechselt. Deshalb bestrafe ich den Affen, weil, weil, weil, äh … Ich bestrafe den Affen, weil er Haare hat.‹ Da schwiegen die Tiere, denn es war wahr, was er gesagt hatte, der Esel, der für einen Tag König sein durfte.«
Echsen huschten ruckelnd über den noch tageswarmen staubigen Asphalt unseres Rückweges. Das Knirschen unserer langsamen Reifen scheuchte Wildkatzen auf, die mit glühenden Augen in der Dämmerung verschwanden. Wie ein Mantel umhüllte uns dieser wunderschöne Tag und wir trugen ihn fort in die Dunkelheit.

Ein Hoflieferant

Die wilde Kraft und Schönheit des Atlantik war überwältigend. In der späten Abenddämmerung schien ich der einzige Mensch an dem kilometerlangen Strand zu sein, der ihn bestaunte. Hinter mir begann die Stadt zu glühen. Ich saß im Sand, der feiner war, als an der Ostsee. Sand, der bei Sturm nicht klirrte. Auflandiger Wind und Flut trieben die Wellen immer näher und ließen sie mit jedem Schlag sanft mehr vom Ufer belecken, bis endlich das Wasser meine Füße streichelte. War ich der kauzige Giliatt, der Arbeiter des Meeres mit dem großen Herzen, den Victor Hugo in seinem Buch ertrinken ließ? Zärtlichkeit des Ozeans. Mit ausgebreiteten Armen ließ ich mich auf den Rücken sinken, schloss die Augen und genoss sein beständiges Tosen. Ich flüsterte ein Gedicht von Konstantin Wecker: »Du, ich lebe immer am Strand, unter dem Blütenfall des Meeres …«
Schwapps war ich nass bis auf die Knochen. Genau viertel vor neun beendete die See unser Rendezvous. Höchste Zeit, denn ich wollte pünktlich bei Smail auf der Kreuzung sein.

Mein Taxi hielt direkt an der Einmündung der von Palmen und Laternen bestandenen Allee, die schnurgerade zum neuen königlichen Palast führte. Der Fahrer mahnte zur Eile beim Aussteigen, doch während ich mich aus dem engen Gefährt auf das hohe Trottoir mühte und meine Hosentaschen nach

Fishballs, fruits and Coca-Cola

passenden Münzen durchwühlte, nahte ein mit weißem Kopfschutz behelmter Motorradpolizist, kontrollierte Papiere und prüfte, ob das Taxameter eingeschaltet war. Mit den Taxis hatte es eine eigene Bewandtnis: Allmorgendlich vor Dienstantritt stellten sich die Fahrer beim jeweiligen Polizeiposten vor, welcher nachsah, ob Fahrzeug und Fahrer sich in gepflegtem Zustand befanden. Den Fahrpreiszähler nicht anzustellen, zog Strafe nach sich, da man für Kurzfahrten, deren Mindestbetrag fünf Dirham, also 50 Cent, betrug, gerne mehr forderte. Der Behelmte hatte sich zu seiner schweren BMW-Maschine zurückgezogen und ließ sich Zeit. Mein freundlicher Fahrer schwitzte. Sein vorwurfsvoller Blick erweckte mein schlechtes Gewissen, denn ich war es gewesen, der ihn zum Stopp im Halteverbot aufgefordert hatte. Ich würde das Strafmandat aus meiner Tasche bezahlen, beschloss ich. Da gewahrte ich Smail. Mit verhaltenem Grinsen überquerte er die breite mehrspurige Ausfallstraße und kam zusammen mit seinem Kollegen zu uns. Alles war soweit in Ordnung. Erleichtert gab der Fahrer Gas.

»Erinnerst Du Dich?«, fragte Smail und zeigte auf die weit ausladende Einfahrt zur Mondlandschaft des gerade neu begonnenen Wohnviertels Al Farah, dessen Name Glück und Freude verhieß, und führte mich zu seinem ursprünglichen Standort, denn er war heute abend nur für den stadteinwärts fließenden Verkehr zuständig und der war nahezu null. »Sicher«, erwiderte ich, »dort hinten ist Dein Bauplatz.« »Bauplatz, naja«, sagte er gedehnt und ein geheimnisvolles Schmunzeln huschte über sein Gesicht. »Auf jeden Fall kann mir später niemand die Aussicht aufs Meer verbauen, denn das Gelände links und rechts vom Palast bleibt aus Sicherheitsgründen auf ewig frei. Stell Dir vor, der Bürgermeister hatte im Herbst hier begonnen, gleich neben dem Palais Royale eine Villa zu bauen. Als unser König im Ramadan Agadir besuchte, dauerte es knappe zwanzig Minuten, bis der Bulldozer die neue Nachbarschaft einplaniert hatte. Rückbau auf höchste Weisung. – Ist Dir kalt?« Mein Freund blickte besorgt. Ich konnte ihm unmöglich erzählen, auf welch kitschig-romantisch Weise mich das Meer verschlungen hatte, zumal er es mir untersagt hatte, im Dunkeln am Strand herumzutapern. Verschweigen ging aber auch nicht, also beichtete ich. »Jurrgen und sein Meer«, meinte er kopfschüttelnd. »Weißt Du, was Du machen musst? Kamelfleisch essen. Davon wird einem heiß. Oder in den Hamam, so richtig lange, damit die Poren sich öffnen. Und anschließend eine Massage mit dem Fett aus Kamelhöckern. Das erzeugt Wärme und vertreibt alle Krankheiten, besonders Rheuma.« »Bitte nicht«, wehrte ich ab, »ich liebe Kamele. Aber sag mir lieber, wann willst Du anfangen mit deinem Hausbau in Al Farah?« Da war es wieder, dieses schelmische Lächeln unter seinem Mützenschirm. »Anfangen? Anfangen geht nicht aus einem speziellen Grund«, antwortete Smail. »Den erfährst Du morgen.«

Der Motorradpolizist, der den Auswärtsverkehr beobachtete, hatte auf der anderen Seite ein großes Taxi gestoppt. Er umrundete das Fahrzeug. Fahrer und Passagier redeten auf ihn ein. Smail kam ihm zu Hilfe, bis der Fahrgast resigniert von dannen schlich, der Fahrer den Wagen abschloss, mit seinem Chef telefonierte und endlich ebenfalls die Szene verließ. Schon nach wenigen Minuten tauchte der Eigentümer des Taxis auf. Nicht nur, dass ein Reifen abgefahren war, nein er musste sich auch anhören, dass der Fahrer auf freier Strecke eine Person mitgenommen hatte. Dies war lediglich den Petit Taxis erlaubt. Grande Taxis durften Gäste nur an den ausgewiesenen Halteständen aufnehmen und ein Verstoß gegen diese Anordnung hatte unweigerlich die Stilllegung des Gefährts für mindestens einen Tag zur Folge. Aufgeregt beobachtete ich den Fortgang der Dinge. Ich war auf Streife mit der marokkanischen Polizei. Der Besitzer zog nun alle Register: Mal redete er mit Engelszungen auf die Beiden ein, mal zeterte er heftig gestikulierend. Es war die Lautstärke, die den Ton der arabischen Sprache so hart machte. Leise klang sie wie das Gurren einer Taube. Ich verstand keine Silbe. Hatte er sie beleidigt oder gar Geld geboten? Jedenfalls brachen die Polizisten die Diskussion ab und ließen ihn stehen. Smail rief den Abschleppwagen. »Nein, frühestens um dreiundzwanzig Uhr«, schepperte eine Stimme aus dem Sprechfunkgerät, man sei jetzt auf dem Hof und müsse noch einen Parksünder aus dem Stadtzentrum bergen. »Geht nicht«, hielt Smail dagegen, »Fahrzeug steht unbeleuchtet im Halteverbot Kreuzung Palast Seiner Majestät. Hat Priorität.« Kurzes Schweigen am anderen Ende, dann folgte die Bestätigung: »Wir kommen.« Smail war zufrieden und der pünktliche Dienstschluss nicht mehr gefährdet.

Knatternd nahte ein bräunliches Moped. »Weißt Du, wie man diese Töffchen bei uns nennt?«, fragte ich Smail. «Essigpisser oder Zwiebacksäge.« Er lachte, doch plötzlich blickte er ernst: »Was wird das?« Langsamer werdend trudelte der alte Mann von der rechten Spur in die linke, rammte mit dem Vorderrad den hohen Kantstein des Mittelstreifens und stürzte. Sein schwarzer Beutel, der unter dem Gepäckträger klemmte, flog im hohen Bogen durch die Luft. »Betrunken«, vermutete ich. »Nein, nein, ich kenne ihn, er arbeitet von früh bis spät im Hafen. Bestimmt ist er eingenickt.« Smail untersuchte ihn, während der andere Polizist die Unfallstelle sicherte. Das Handgelenk war gebrochen. Er stellte den Arm ruhig, sprach mit dem Mann, der nicht jammerte, nicht klagte, der wie ein Häuflein Unglück auf dem Pflaster saß und mit müden, gütigen Augen zu seinem Helfer empor sah. Bereits nach wenigen Minuten erschien die Ambulanz, um ihn ins Krankenhaus zu bringen, gefolgt vom Abschleppwagen, der das Mercedes-Taxi auf den Haken nahm und vom Bruder des Verunglückten, den Smail verständigt hatte, damit er das Moped abholte. Feierabend. Wir machten uns auf den Heimweg. Zurück auf der Kreuzung blieb nur die schwarze Plastiktüte des alten Mannes, aus der drei kleine Fische herausgerutscht waren. Vielleicht der Lohn für einen Arbeitstag? Nun war eine Lieferung für den Königliche Palast daraus geworden. Die Palastkatzen würden sich freuen.

In seiner kleinen Wohnung angekommen, duschte Smail, verrichtete sein Gebet, dann rief er mich in die Küche. »Ich koche uns etwas Schnelles nach einem Rezept von meiner Großmutter: Fischbällchen im Tagine.« Dazu hackte er ein Kilo frische, gut gekühlte Sardinen ohne Kopf und Gräten fein, fügte Zwiebellauch, Pfeffer, Salz und Kräuter hinzu. Während ich die Masse mit dem inzwischen garen Langkornreis vermengte und kleine Bällchen formte, bereitete er die Sauce. Er halbierte und entkernte drei große Fleischtomaten, rieb sie in den Tagine, gab je einen Esslöffel Arganienöl und Tomatenmark daran, eine zerdrückte Knoblauchzehe, dünne Zwiebelringe und eine halbe kleingeriebene Chillischote ohne Kerne, würzte das Ganze mit Paprika, Kukurma, Kreuzkümmel und rührte alles schön glatt. Darauf legte er die Bällchen, setzte den trichterförmigen Deckel auf und ließ den Tagine etwa dreißig Minuten auf dem Kohlebecken schmurgeln. Schon bald zogen verführerische Düfte durch die Stube, wo wir es uns auf dem Diwan mit allerlei Kissen bequem gemacht hatten. Wir brachen das frische Weißbrot und aßen den Topf leer. »Stell Dir vor Jurrgen, der Abschleppwagen wäre erst jetzt gekommen«, sagte Smail und lehnte sich genüsslich zurück. »Man soll doch nachts nicht mehr so schwer essen. Man kriegt kein Auge zu und wird fett.« Mit schläfrigen Augen rollte sich der marokkanische Vize-Landesmeister im Bodybuilding auf die Seite.

Ochsenaugen im Kino

Das gute alte Kino SALAM hatte als einziges Gebäude in Agadir das Erdbeben vor mehr als vierzig Jahren überstanden. Nun war der Abriss beschlossene Sache. Mit seinen halbrunden Giebeln sah der beige und braun gestrichene Saalbau aus, wie eine in der Taille eingeschnürte Tonne, die in die Erde eingesunken war. Kein Anwärter auf das Weltkulturerbe, wohl aber typisches Beispiel für die halbschalenrunde weltweite Betonarchitektur seiner Zeit. Die staubblinden Glastüren mit den abgefetzten Filmplakaten blieben seit einem

Jahr geschlossen und auch die Tage des kleinen Imbisses an der Seite waren gezählt.
Um das Warten zu überbrücken, vertiefte ich mich in die Schilder des Kaufmannsladens gegenüber, zur Festigung meiner Französischkenntnisse. Smail tippte mir auf die Schulter: »Was machst Du? Gemüse lernen?« Ich nickte und deutete auf die traurige Ruine. »Schade drum.« »Ja«, sagte Smail, »ich sehe es jeden Morgen von meinem Küchenfenster aus. Es wird mir fehlen.« Er lächelte. »Als Kind in Rabat bin ich gerne ins Kino gegangen. Bloß zum Kung-Fu-Film mit Bruce Lee durfte ich nicht. Da unser Unterricht in Seminarform über den ganzen Tag verteilt war, erzählte ich also meinem Vater, dass ich nochmals in die Schule müsse und außerdem aus dem Souk ein zum Sezieren nötiges Ochsenauge für die Biologiestunde mitbringen soll. Er gab mir Geld. Meine List schien geglückt. In der Pause empfing er mich dann mit strengem Blick vor dem Kino: ›Das also sind deine Ochsenaugen.‹ Bruce Lee musste alleine über die Leinwand wirbeln und ich konnte Hausaufgaben machen.«
»Kommt mir bekannt vor«, sagte ich. »Bevor ich ins Kino durfte, musste ich immer erst mein Zimmer aufräumen. Pure Erpressung. Beinahe hätte ich ›Das große Rennen rund um die Welt‹ versäumt mit Tony Curtis, Jack Lemmon und Peter Falk.« Smail kaufte zwei Avocados, Datteln, Mandeln, Nüsse und Rosinen. »Davon mache ich uns nachher eine leckere Creme. Ist ganz einfach. Alles mit etwas Milch und Zucker im Mixer fein pürieren und mit Mandeln garnieren. Aber vorher gibt es das große Rennen zum Fischmarkt. Wir müssen heute Fisch essen. Komm.«
An der neuen Halle standen noch die Baugerüste, doch es herrschte reges Treiben. Im vorderen Teil des neuen Fischmarktes kauften die Gaststätten und Händler ihren fangfrischen, aus der Auktionshalle am Hafen angelieferten Fisch. Der hintere Trakt war der Bevölkerung vorbehalten. Auf endlos langen abgeschrägten Kacheltresen standen in Reih und Glied die mit Fisch und Eis gefüllten Kisten. Dahinter aufmerksame Verkäufer, bereit, ohne langes Feilschen und Palavern sofort das Gewünschte zu verpacken. Rau und herzlich war die Atmosphäre in dem kühlen, hellen Verkaufsraum, und etwas hektisch. »Fisch ist eine schnelle und ehrliche Ware«, erklärte der Händler, dem nicht entgangen war, wie ich das überreiche Angebot beäugte: Tintenfische, Seeungeheuer, Sardinen. »Fisch lügt nicht. Man sieht und riecht sofort, ob er frisch ist. Und bei mir ist er das immer.« Mit diesen Worten wog er ein Dutzend handtellergroßer Schollen ab, die Smail ausgewählt hatte und versenkte sie in einem schwarzen Plastikbeutel. Ich fand diese allgegenwärtige Verpackung scheußlich, aber Smail erläuterte mir, dass es besser sei, den Einkauf in blickdichten Taschen heimzutragen, um keine Begehrlichkeiten zu wecken. Am Ausgang stand eine Vielzahl von Arbeitstischen, an denen junge Männer damit beschäftigt waren, für ein paar Dirham[20] das Gekaufte von den Schuppen zu befreien, auszunehmen und zu filetieren, ganz wie man es wünschte. Mit Vergnügen schaute ich ihnen auf die Finger, wie flink und gewandt sie zu Werke gingen und erzählte meinem Freund von der alten Warnemünder Fischfrau, die jeden Kunden duzte: »Na min Herzing, magst Du keinen Fisch

[20] 1 Dirham = ca 0,11 Euro

Liegt im einstigen Schlachthofviertel: Kino SALAM

anfassen? Na lass man, ich mach Dich das, dafür nimmst Du aber die letzten drei Sprotten mit fürs Abendbrot, de möten wech.« Ruckzuck hatte sie den Fisch mit dem Kescher aus dem Becken geholt, getötet und unter Bekanntgabe etlicher Kochrezepte küchenfertig portioniert, egal wie lang die Schlange im Laden war. Dann wurde alles in dickes Zeitungspapier gewickelt und ins Einkaufsnetz gestopft zwischen Bierflaschen und Waschpulver: »So, Herzing, nu lat di dat ok smecken. Fisch is gesund. Davon kriegst Du keine Schilddrüse un kein Leukonomie. Tschüssing ok.«

»Stammen Deine Fischrezepte von Min Herzing«, wollte Smail wissen, als er unsere nun enthäuteten kleinen Schollen im schwarzen Sack in Empfang nahm. »Nein«, entgegnete ich, »schon als Kind habe ich den alten Frauen, die noch auf den Gütern das Kochen gelernt hatten, in die Töpfe geschaut, wenn sie mit Liebe und Sachverstand das Essen zubereiteten, ohne Fritteuse und Mikrowelle. Auf einer Kochmaschine, einem alten Kohleherd, der zwar umständlich war, aber besser, als all der heutige Schnickschnack.« Smail nickte heftig: »Ist wie beim Tagine. Wie kommt das? Hitze ist doch gleich Hitze, aber ein Tagine vom Holzkohlebecken schmeckt einfach leckerer, als auf Gas oder Elektro gemacht, obwohl das Essen im geschlossenen Topf gar nicht in Kontakt kommt mit dem Feuer, wie beim Grillen beispielsweise. Das ist doch keine Einbildung.« Ich schüttelte den Kopf. »Das ist wirklich so, wie es ist. Erklären kann das niemand. Vielleicht liegt es an der gleichmäßigen Hitze, die man sorgsamer kontrolliert, aber wenig beeinflussen kann. Moderne Geräte lassen sich in Zeit und Temperatur präzise einstellen, aber Lebensmittel sind Naturprodukte, die sich nicht programmieren lassen. Jedes Stück ist ein Unikat und verlangt individuelle Behandlung. Keine Ahnung. Fakt ist, dass die Menschen das Feuer zähmten, es sich nutzbar machten und dadurch ihre Eiweißnahrung aus Fleisch und Fisch besser aufgeschlossen wurde, was wesentlich der Entwicklung des Gehirns zuträglich war. So jedenfalls haben wir es im Studium gelesen in der »Menschwerdung des Affen« von Friedrich Engels.«

Smail sah mich entgeistert an und unterbrach mich: »Engels war doch Kommunist. Du vertrittst kommunistische Thesen nach allem, was Du in der DDR durchgemacht hast?« Ich lachte und winkte ab: »Hab ich nur einmal gemacht in einer fruchtlosen Diskussion mit einer Vegetarierin. Aber lass mich das mal zu Ende bringen. Weiß Gott, weshalb am Anfang das Feuer stand und am Ende der Elektroherd. Wäre es umgekehrt gewesen, würde heute McDonald's seinen einmillionsten Jahrestag der Firmengründung begehen und wir hätten all die Köstlichkeiten nie kennengelernt. Es ist die Entwicklung. Die Urkraft des Feuers bleibt uns immer erhalten. Wir können wählen«, beendete ich meinen küchenphilosophischen Exkurs, als mir bewusst wurde, dass dieses »weiß Gott« wie eine Redefloskel klingen musste, obwohl es wörtlich gemeint war. Mein Freund, dem es ebenso fremd war, Gottes Namen missbräuchlich zu nennen, knüpfte genau dort an: »Es stimmt, was Du sagst, Jurrgen, Gott gibt uns alles zur rechten Zeit. Allah hat uns die heiligen Bücher gesandt, Bibel, Koran und Thora. Und er öffnet uns die Augen, wenn wir mehr von seiner Welt erkennen sollen. Nein, Du darfst nicht kochen, Du hast Urlaub. Widerstand ist zwecklos.« Während er Salz und Pfeffer auf das das weiße Fleisch der Schollen streute, es mit Zitronensaft beträufelte, um es dann in Mehl zu wenden und in gutem Fett knusprig zu braten, fuhr er fort: »Er hilft uns, das Richtige zu wählen. Voila, hier unser etwas spartanisches Mittagessen.« Ich durfte den auf einer Silberplatte aufgetürmten köstlichen Bratfisch ins Wohnzimmer tragen. »Du bist nicht nur ein Zauberer auf der Kreuzung«, sagte ich, »sondern auch in der Küche. Wie kommt das?« Smail freute mein Lob. »War schon als Kind ein Topfgucker«, antwortete er, »genau wie Du. Du konntest gerade mal laufen, als Du deine erste Karotte abgeschält hast, sie in einen Topf warfst, mit dem Holzlöffel einmal umrührtest und sie dann sofort roh aufgegessen hast, wie Du mir mal erzählt hast. Trotzdem bist Du kein Vegetarier geworden. Wie war das nun mit der Vegetarierin in Deinem Lokal?«

Ich hob beide Hände: »Na gut. Also die Dame gehörte der westdeutschen 68er Studentengeneration an, die durch Proteste die Welt verändern wollten. Wilde Zeiten. Bei Demonstrationen gegen den Deutschlandbesuch des Schahs von Persien erschoss die Berliner Polizei den Kommilitonen Benno Ohnesorg. Soweit die politische Vorgeschichte. Was die Ernährung anbetrifft, gehörte sie aber zu den Veganern, also zu der Fraktion, die Metzgereien die Schaufensterscheiben einwerfen. Nach der Vereinigung der beiden deutschen Staaten 1990 erkundete sie den Osten, bereiste das Terrain der aufgelösten DDR, das Beitrittsgebiet, oder, um den verniedlichenden, kindlich anmutenden PolitikerInnenjargong zu benutzen, die »jungen Bundesländer«, und kam mit ihrem Mann zusammen in mein Gasthaus. Wortreich erklärte sie mir, dass sie viel Trauerarbeit geleistet hätte, da der Kommunismus nun seiner deutschen Heimstatt verlustig gegangen war, nicht zuletzt durch Gorbatschows Verrat an der Sache. Ihr Gatte grinste und sagte: ›Denn zieh doch nach Kuba zu olle Fidel Castro, dem roten Geigenkasten.‹ Sie fauchte ihn an, wie wohl immer in fast vierzig Ehejahren: ›Sei still! Der Überfall der Amis auf Kuba in der Schweinebucht hatte die Welt verändert!‹ ›Jaja Schweine im Weltall‹, lästerte der Mann lächelnd weiter, ›Du hat mich doch nur geheiratet, weil ich so einen Bart hatte wie Che Guevara.‹ Dann schaute er mich an und sagte: ›Bring für uns zweimal das Wiener Schnitzel.‹ Und seine Blicke schienen zu flehen: Bitte lass mich nicht in Stich. Ihr Gesicht hatte inzwischen das Format einer toten Maus angenommen. Ich fühlte mich wie die Berliner Mauer, an der jeder Grenzübertritt gescheitert war und hörte ihre, unverfleischte Grünnahrung fordernden, Worte. ›Tut mir leid‹, antwortete ich höflich, ›wir machen nur Hausmannskost, aber zu allen Gerichten gehört eine reichhaltige Salatbeilage.‹ ›Aber ich bin Veganerin‹, keift sie, ›ich lasse mich nicht zwingen, dieses ungesunde Fleischzeug zu essen und das Tiereschlachten zu unterstützen!‹ Dabei zerrte sie am Ärmel ihres Gatten und tuschelte: ›Komm, wir gehen.‹ Doch den störte das nicht. Er sagte, ›Ich habe doch bestellt, aber vergiss nicht, dass Du eine Petersilienallergie hast, Schatz, das muss der junge Mann wissen, dass Du eine Veganerin mit Petersilienallergie bist.‹ ›Kein Problem‹, lenkte ich ruhig ein, ›Petersilie können wir weglassen‹, und fügte hinzu: ›Rein pflanzliche Ernährung ist einseitig, da der Mensch von Natur aus für Mischkost konstruiert ist. Bei Friedrich Engels in der *Menschwerdung des Affen* kann man darüber etwas lesen, wie bedeutend die Aufnahme tierischen Eiweißes für die Entwicklung des Gehirns war.‹ ›Kenne ich‹, unterbrach sie mich unwirrsch, ›ein Klassiker. Also wie mein Mann sagte, zwei Wiener Schnitzel, aber für mich ohne Fleisch.‹ ›Nein, mit‹, rief der Mann mir nach, der sich schon auf eine doppelte Portion freute. Seine Gemahlin begnügte sich mit dem Gemüse, kaute die Bratkartoffeln durch und deponierte die Schinkenwürfel im Aschenbecher.«

Smail lachte. »Wiener Schnitzel ohne Schnitzel.« Er deutete auf die leergegessene Platte vor uns. »Was siehst Du? Fisch ohne Fisch. Eigentlich müssten wir jetzt ein Mittagsschläfchen machen, aber ich zeige Dir lieber mein Haus ohne Haus.«

Wir durchquerten die Stadt. Vor einer Töpferei stapelte sich kegelförmig aufgetürmtes irdenes Geschirr, einfach braun glasiertes und bunt bemaltes. Hier konnte König Drosselbart klirrend durchreiten, dachte ich. Ein prächtiger Pfau stolzierte zwischen den tönernen Bergen einher. Als hätte er meine Gedanken erraten, ruckte der Wächter des Hofes mit dem Kopf und traf mich mit starrem Blick. Die gelbe Katze, die auf einer umgestülpten erdigen Kruke eulengleich Modell zu sitzen schien, blinzelte mit einem Auge in die Runde. Ihre Aura löste jede Spannung.

Staubige, noch unasphaltierte Straßen mit hochstehenden Kanalschächten führten uns durch das riesige Baugelände von Al Farah, vorbei an einem neuen Hamam und dem Flachbau der modernen Schule mit großem, von einer mit Hibiscus berankten Mauer eingezäuntem Pausenhof. Neben Geschäftsgebäuden mit den landesüblichen umlaufenden Arkadengängen entstanden hier etwa eintausend Wohnhäuser. Obwohl deren Grundtyp immer derselbe war, blieb die Fassadengestaltung dem Eigentümer überlassen. So sah man Fenster, die gerundet waren oder von unterschiedlich geformten, meist stufenartig vorspringenden Stürzen, umrandet wurden. Einige verfügten über eingezogene Balkone. Smail bemerkte, dass mein Blick daran haften blieb und erklärte: »Die sehen zwar schnuckelig aus, sind aber so klein, dass man sich beim Hinsetzen die Knie stößt und nehmen Platz weg im Inneren. Wozu

Das neue Stadtviertel Al Farah

hat man denn die große Dachterrasse, die fast über die gesamte Grundfläche reicht? Die genügt doch.« Ich nickte und staunte über die Veränderungen seit dem Tag vor sechs Monaten, als mein Freund mir sein gerade erworbenes Grundstück gezeigt hatte, wir auf unbebautem freiem Feld saßen und kuchenessend träumten und spannen, wie sein Haus einmal aussehen würde. Kaum ein freier Platz war heute noch auszumachen. Überwiegend waren die sich in den unterschiedlichsten Stadien der Fertigstellung befindlichen Domizile bereits bewohnt. Die staubige Bauwüste lebte. Davon zeugten nicht zuletzt die provisorisch festgerödelten Parabolspiegel. Zwischen die hoch aufragenden Eisengittergeflechte für die erdbebensicher bemessenen Betonpfeiler der unfertigen Obergeschosse waren Leinen geknüpft, auf denen bunte Wäsche im Wind flatterte. Kaum war der Zement trocken, hatten die Leute kleine Verkaufsstellen im Parterre eingerichtet, boten Getränke, frisches Brot und diverse Lebensmittel feil, sowie das allgegenwärtige Waschpulver TIDE, dessen Reklame im schwungvoll umrandeten OMO-Design an jeder Ecke prangte.
»Rentierte sich solch ein winziger Laden hier draußen?« Im Kopf überschlug ich, dass bei tausend Baustellen wohl fünftausend Handwerker täglich zu versorgen seien. »Jek, ja, und ist der Handel noch so klein, so bringt er mehr als Arbeit ein.« »Damals war nix hier«, sagte ich, »weißt Du noch?« Smail deutete auf eine Baulücke: »Ja, genau hier haben wir gesessen. Du musst sehen, wie alles mal aussehen wird.« Mit diesen Worten schob er mich in den benachbarten Rohbau, wo zwei Männer damit beschäftigt waren, Fenster, welche größer waren als die der anderen Häuser, einzusetzen. Die eiserne rostfarbene Tür war nur angelehnt. »Wir können doch nicht einfach hier reingehen«, zögerte ich, doch Smail winkte ab: »Ist schon in Ordnung, ich bin gut bekannt

Erdbebensicher, aber noch nicht stolperfrei: Smails Haus

mit dem Besitzer«, zerstreute er meine Bedenken. Eine halbhohe bogenüberwölbte Mauer trennte den Eingangs- und Treppenhausbereich vom lichtdurchfluteten, mit fünf Fenstern versehenen Raum im Erdgeschoss. Ich durchmaß ihn mit Storchenschritten und kam auf eine Grundfläche des Hauses von acht mal zehn Metern. Von den schlichten gipsernen ionischen Kapitellen der beiden gerundeten Mittelpfeiler spannten sich strahlenförmig Kuppelbögen zu den Wänden, als würden sie die Decke tragen. Neben der Treppe befand sich ein kleiner Waschraum mit Dusche und Toilette. Ich fühlte mich nicht wohl bei der Besichtigung und ging zurück zur Tür. Auch Smail schien mir sehr hibbelig, als hätte er Ameisen unterm Hemd. »Lass uns gehen«, bat ich, »das kann Ärger geben.« »Nein, nein«, beschwichtigte er, »schau Dir in Ruhe alles an. Ich kenne den Bauherren sehr gut, und er kennt Dich auch, komm.« Smail griff nach meiner Hand und zog mich in den ersten Stock. Hier waren entlang der zwei Pfeiler Mittelwände gezogen für zwei Zimmer, die wie ein großes L verliefen. Der kurze L-Schenkel teilte parallel zur Schmalseite ein Schlafzimmer ab, das an der kurzen Seite zwei Fenster hatte und eines an der langen Front. Für das wesentlich größere Wohnzimmer blieben zwei Fenster an der Längsseite. Der dem Treppenhaus zugewandte innere Winkel des L ließ Platz für ein geräumiges Badezimmer mit gemauerter Wanne. So beschrieb Smail, wie das Haus eingerichtet werden könnte und bevor ich noch sagen konnte, wie großzügig ich die Raumaufteilung fand, waren wir im zweiten Obergeschoss. Auch hier verliefen die Trennwände L-förmig. Über die Stiegen gelangte man direkt in die Küche, welche genau raumgleich über dem Wohnzimmer lag, zum Treppenhaus hin offen war und durch einen gemauerten mit Marmorplatte belegten Tresen halbiert wurde, der Kochbereich und Sitzecke trennte. Was darunter Schlafzimmer war, wurde hier in der Verlängerung der Küchenwand abgeteilt für ein Gästezimmer mit einem Fenster nach vorne und einem zur Seite. Da auf dieser Etage nur ein kleines WC neben der Treppe, wie im Erdgeschoss auch, vorgesehen war, verlängerte sich der nun restliche einfensterige Raum in die Tiefe, also über das darunter befindliche Bad. Ein zweites, größeres Zimmer für den Besuch. »Muss man haben«, sagte Smail, »Marokkaner haben große Familien, naja, auch wenn sie bloß ein paar Mal im Jahr kommen.« Schurrrr! Ich rutschte aus auf der rohen splittbestreuten Treppe und machte wohl ein dummes Gesicht dabei. Der fürsorgliche Smail, als hätte er es geahnt, fing mich sicher auf, lachte und lachte. Nicht hämisch oder schadenfroh, nein eher war es ein befreiendes Lachen, mit dem er mich auf die Dachterrasse herauf hievte, so als hätte er ständig etwas zu verbergen gehabt und ich dauernd ahnungslos dämlich dreingeschaut. Das Treppenhaus endete auf dem Dach in einem drei mal vier großem turmähnlichen Aufbau, von dem aus man die fast siebzig Quadratmeter umfassende Dachterrasse betrat. »Ein trefflicher Abstellraum für Gartenmöbel, Grill und Sonnenschirm«, meinte ich. Doch mein Freund Smail lachte noch immer, meinte, dass man sich ein Gym, einen Fitnessraum einrichten könnte hier. Während ich die Aussicht genoss auf das die Stadt Agadir umsäumende Atlasgebirge, die Kasbah, Hafen, beide königliche Paläste und den ungezähmten Atlantischen Ozean mit seinem einmaligen Strand, schlang er von hinten beide Arme um mich: »Jurrgen, Du bist, Jurrgen Du bist einfach ... einfach Jurrgen.« Dann zerrte er mich eine Treppe tiefer zurück in das größere Besucherzimmer, hängte sich, noch immer lachend, über die Fensterbrüstung und fragte: »Gefällt Dir die Aussicht auch von hier? Oben wars schöner?« »Ja«, antwortete ich total verunsichert und erinnerte mich an den alten Leitspruch meiner Tante: Je weniger man fragt, desto mehr wird einem erzählt. Der galt nun nicht mehr, als ich in seine vom Schalk umtanzten Augen sah und forderte: »Sag mir, was ist los? Hier schießen die Häuser wie Pilze aus dem Boden. Weshalb kannst Du mit Deinem Bau nicht beginnen?« Die vertrauten braunen Augen, in die ich sah, strahlten Ruhe aus. Doch sein Blick verriet eigentlich vorher schon alles, was er nun langsam zu mir sagte: »Es ist ganz einfach. Ich kann nicht etwas anfangen, was inzwischen fast fertig ist. Monatelang hab ich kaum geschlafen durch den ganzen Baustress. Wir stehen hier, was mal dein Zimmer sein soll, wenn Du kommst. Herzlich willkommen in meinem Haus, in unserem Haus. Du bist der Erste und Einzige, dem ich es gezeigt habe.« »Glückwunsch, Glückwunsch«, murmelte ich ergriffen und umarmte ihn. Sein Stoppelhaarschnitt kratzte meine Wange. »Deine Eltern werden sehr stolz sein auf Dich«, fuhr ich fort. Sofort grinste er schelmisch übers ganze Gesicht: »Die wissen das gar nicht. Ich lade sie erst ein, wenn ich eingezogen bin. Da musst Du unbedingt dabei sein.« Ich nickte heftig: »Machen wir eine große Einweihungsfete. Ich kümmere mich um den Fisch.« Smail nickte ebenfalls: »Ja und wir schlachten einen Hammel. Bloß wie kriegen wir den upstairs in die Küche im zweiten Stock? Ein Hammel reicht ja gar nicht.«

Time, time! As time goes by ...

Die Zeit des Ramadan hatte begonnen, in der den Muslimen von Tagesanbruch bis Sonnenuntergang das Essen und Trinken verboten ist. Daher tafelte man nachts ausgiebig und opulent und trank sehr viel Wasser oder Saft. »Vielleicht sollte man so lange auch das Autofahren verbieten, damit Du Dich in der Hitze nicht zu quälen brauchst«, scherzte ich. Smail lachte: »Gute Idee. Aber wir müssen ja beweisen, dass wir widerstehen können. Das ist absolut kein Problem, wenn man auf Vorrat futtert, viel Obst ist wichtig.« »Und wenn man krank ist, Diabetiker beispielsweise«, fragte ich, »muss man dann auch fasten?« »Keinesfalls«, erklärte er, »Allah erlaubt nicht, dass man seine Gesundheit schädigt.«
Es war immer das gleiche Ritual, wenn ich abreisen musste. Wir hassten es. Das Taxi zum Airport wartete mit meinen gepackten Koffern. Wir saßen auf einer Bank am Springbrunnen, schwatzten zunächst lebhaft und schwiegen uns dann lange an. Smail räusperte sich: »Vier Monate, Du musst doch noch Tanger sehen, Meknes und Fes und Casablanca. Du kommst wieder nach dem Hammelfest im Frühjahr?« Ich nickte: »Wie immer zwei Wochen nach dem Opferfest im Frühling und zwei Wochen vor dem Ramadan im Herbst, inch Allah.« Dann brummelte ich mit trockener Kehle nach einer Melodie von Yussuf Islam, der als Cat Stevens berühmt geworden war, ein paar selbstgefertigte Zeilen aus dem Stegreif:

If we have fancy weather
sun and rain come together
and the rainbow appears
takes away all my fears:
I will walk on the rainbow
over mountains with white snow
over ocean and green land
to my very best friend.

»Das Taxi wartet«, sagte Smail tonlos. Wir umarmten uns zum Abschied. »Bei uns sind jetzt eklige fünfzehn Grad Frost und Schnee und Eis«, murmelte ich. »Herrlich, ich liebe Schnee und Kälte«, entgegnete er. »Kannst ja mitkommen.« »Kannst ja hier bleiben.« »Pass auf Dich auf. Take care.« Schnell stieg ich in den Wagen und nahm das trauriges Lächeln meines Freundes mit mir. Auf dem Flughafen Al Massira herrschte gedämpftes Chaos. Mal wieder hatte der Pleitegeier einen deutschen Billiganbieter gefressen. Für ihn war eine spanische Fluggesellschaft eingesprungen. Nur langsam schob ich mein Gepäck mit dem Fuß vorwärts, indes die Schlangen hinter und neben mir immer länger wurden. »Die haben jetzt Ramadan, da dürfen die nichts essen«, verkündete eine Touristin lauthals, »deshalb stempeln die auch so langsam.« Kopfschüttelnd erinnerte ich mich an meine Großmutter, welche diese Sprachunsitte bei uns Kindern stets barsch kommentiert hatte: Die hängt auf der Leine und trippt. Durch die großen Glasfenster sah man erste Passagiere die Ersatzmaschinen besteigen. Ohne uns würden sie eh nicht losfliegen. Aus letzter Reihe stürmte ein grauer langhaariger Endvierziger vom Typ Travolta für Arme zum Schalter. Beständig auf seine Armbanduhr tippend rief er: »Time! Time!« Das wirkte höchst lächerlich. »Play it again Sam«, sagte ich laut. Der Uniformierte in seinem Glaskasten hob den Kopf von den Papieren und grinste mich breit an. Neben mir diskutierten zwei dürre Damen mit fransigen Schnittlauchhaaren ihre Impressionen aus Marokko. Beide trugen kleine alberne Rucksäcke und es schien mir, als wären sie in ihren zipfeligen Strickjacken geboren worden. Spinatwachteln. Ihr banales Geschwätz konnte meine Urlaubsgelassenheit nicht zerstören. »In Agadir gibt es ja gar nichts zu sehen, aber ich habe mir die Stadt vornehmlich am Strand erwandert«, plapperte die eine. »Mein Mann hatte einen sehr günstigen Mietwagen«, hielt die andere dagegen, »damit waren wir im ›Marjane‹[21] und ich war erstaunt, wie sauber es in diesem Supermarkt war.« Plötzlich starrten mich beide antworterheischend an. »Ja«, sagte ich, »die moderne Kaufhalle ist toll und sucht in Deutschland ihresgleichen. Auf dem Parkplatz stehen viele deutsche Wohnmobile und warten, bis der Gärtner, der die Blumenrabatten mit dem Schlauch gießt, weg ist, damit sie umsonst ihren Wassertank auffüllen können. Aber das sind bloß zehn Fußminuten bis Marjane und zehn Minuten weiter wird die Medina von Agadir an anderer Stelle im alten originalen Stil neu aufgebaut. Da haben Sie wirklich wenig unternommen.« In diesem Augenblick schrumpften die Beiden von mir weg, als hätte man Plastikfolie gebügelt. »Das ist da, wo der Parkplatz unbefestigt war und so staubig«, raunte die Mietwagenbenutzerin, »da wollten die umgerechnet zwei Euro Eintritt für die Baustelle.« Den Rest ihrer Erörterungen ließ ich geflissentlich abrieseln, bis schließlich eine kleine dralle Graublonde angeschossen kam. Ihr Geschrei übertönte das Schlurfen ihres Rollkoffers: »Jetzt musste ich mich zum dritten Mal wieder hinten anstellen. Umgebucht! Ich will nach München!« Sofort verwickelten die rucksacktragenden Strickjacken sie in ihr Klagelied über Zimmerfrauen, Taxifahrer und ramadangeschwächtes Flughafenpersonal. Links von uns am längst verwaisten menschenleeren Schalter erlosch der Schriftzug München auf der Anzeige.

Vom Sehen kannte ich die Frau aus meinem Hotel und hatte ihre Odyssee auf dem Flughafen so nebenbei amüsiert im Auge behalten: Erst stand sie Schlange nach Inlandflug Casablanca, dann Richtung Düsseldorf und nun meckernd bei den Nürnbergfliegern. »Schnell!«, rief ich, griff ihren Koffer und zerrte sie zum Counter, wo die schon im Gehen begriffene Abfertigerin uns plötzlich zur Eile mahnend zuwinkte. Das hatte gerade so noch geklappt. Als ich zu meinem Koffer und Warteplatz in der Schlange zurückkehrte, erlebte ich ein seltenes Beispiel touristischer Solidarität: »Huch«, sagte die stranderwandernde Spinatwachtel, »eigentlich heißt es ja ›weggegangen, Platz gefangen‹, aber Sie brauchen sich nicht extra wieder hinten anstellen, wir haben Ihren Platz freigehalten.« Diese Nettigkeit setzte sich in der spanischen Ersatzmaschine fort. Zunächst rammte die Stewardess mit ihrem Rollcontainer meinen Musikantenknochen am Ellenbogen, dass es nur so brummte. Da das

[21] Marjane = Perle

Airport ›Nuremberg‹

Essen nicht reichte, durfte ich dann mit einem Plastiklöffel eine grüngelbe vegetarische Pampe aus der Aluminiumassiette schaben. Schließlich zielte zum Ende ihrer Versorgungsbemühungen die Saftschubse mit ihrem Kasten voller zollfreier Ware genau auf meine Kniescheibe und ich hörte alle Engel im Himmel singen, aber keine Entschuldigung.
Und letztlich: Dreiundvierzig Minuten kreisten wir über der vereisten Landebahn in Rostock-Laage. Ich fühlte mich bestraft für meine Abreise. Oder war es nur ein dezenter Hinweis? Mal sehen, was daraus wird. Vielleicht gibt es ja hier an der Volkshochschule Kurse für Leuchtturmwärter. Oder für Märchenerzähler.